U0617730

权威·前沿·原创

皮书系列为
"十二五""十三五""十四五"时期国家重点出版物出版专项规划项目

BLUE BOOK

智库成果出版与传播平台

绿色金融蓝皮书
BLUE BOOK OF GREEN FINANCE

中国地方绿色金融发展报告（2022）

ANNUAL REPORT ON THE DEVELOPMENT OF LOCAL GREEN
FINANCE IN CHINA (2022)

王　遥　任玉洁　刘　倩等／著

社会科学文献出版社
SOCIAL SCIENCES ACADEMIC PRESS (CHINA)

图书在版编目（CIP）数据

中国地方绿色金融发展报告 . 2022 / 王遥等著.--
北京：社会科学文献出版社，2023.2
　（绿色金融蓝皮书）
　ISBN 978-7-5228-1356-1

　Ⅰ.①中…　Ⅱ.①王…　Ⅲ.①地方金融事业-经济发
展-研究报告-中国-2022　Ⅳ.①F832.7

中国版本图书馆 CIP 数据核字（2022）第 256482 号

绿色金融蓝皮书
中国地方绿色金融发展报告（2022）

著　　者／王　遥　任玉洁　刘　倩 等

出 版 人／王利民
组稿编辑／恽　薇
责任编辑／颜林柯
责任印制／王京美

出　　版／社会科学文献出版社·经济与管理分社（010）59367226
　　　　　地址：北京市北三环中路甲 29 号院华龙大厦　邮编：100029
　　　　　网址：www.ssap.com.cn
发　　行／社会科学文献出版社（010）59367028
印　　装／天津千鹤文化传播有限公司

规　　格／开本：787mm×1092mm　1/16
　　　　　印张：15.5　字数：229 千字
版　　次／2023 年 2 月第 1 版　2023 年 2 月第 1 次印刷
书　　号／ISBN 978-7-5228-1356-1
定　　价／158.00 元

读者服务电话：4008918866

本书获国家社会科学基金重点项目"中国绿色金融体系构建及发展实践研究"（18AZD013）支持

本书获中央财经大学–北京银行双碳与金融研究中心和北京财经研究基地支持

本书获中央财经大学"双一流"建设项目资助

编　委　会

主要著者简介

王　遥　教授，博士生导师。中央财经大学绿色金融国际研究院院长，中央财经大学-北京银行双碳与金融研究中心主任，财经研究院研究员，北京财经研究基地专家、学术委员会委员，中国金融学会绿色金融专业委员会副秘书长，中国证券业协会绿色发展委员会顾问。剑桥大学可持续领导力研究院研究员，牛津大学史密斯企业与环境学院可持续金融项目咨询委员会专家，卢森堡证券交易所咨询顾问。2021年担任联合国开发计划署中国生物多样性金融"BIOFIN"项目首席技术顾问，之前任SDG影响力融资研究与推广首席顾问。2013年获教育部新世纪优秀人才支持计划资助，2010~2011年哈佛大学经济系博士后及哈佛环境经济项目、哈佛中国项目的访问学者，2008~2010年北京银行博士后。研究领域为绿色经济、可持续金融、绿色金融和气候金融。自2006年以来，在高层次期刊上发表论文100余篇，主持承担国家社科基金重点项目等国内外课题90余项，出版专著22部，其中《碳金融：全球视野与中国布局》和《气候金融》为该领域前沿著作。合著《支撑中国低碳经济发展的碳金融机制研究》获得第七届中华优秀出版物（图书）提名奖。担任 Energy Policy、Mitigation and Adaptation Strategies for Global Change 和《金融研究》杂志的匿名审稿人。有近7年投资银行从业经验。2019年获《亚洲货币》年度中国卓越绿色金融大奖"杰出贡献奖"。

任玉洁　中央财经大学绿色金融国际研究院绿色金融研究中心主任，长三角绿色价值投资研究院院长助理。主要研究领域为生态文明建设、绿色金融、生态产品价值实现。主持和参与多项地方绿色金融及相关创新课题研究、金融机构绿色金融发展规划编制、绿色金融产品创新研究、绿色金融支持绿色建筑研究等。参与内蒙古生态产品价值实现路径及煤炭转型、江西省绿色票据标准、抚州市绿色金融支持生态产品价值实现、电力行业转型金融体系、小微企业绿色评价标准、绿色金融支持公共建筑能效提升指标体系等相关课题，向政府部门递交绿色金融相关政策建议并获采纳与批示。

刘　倩　中央财经大学财经研究院副研究员，北京财经研究基地研究员，中央财经大学城市与区域可持续发展中心执行主任，城市应对气候变化与低碳发展方向负责人，南开大学环境科学博士。2017~2018 年为德国马克思普朗克研究所、莱布尼茨对流层研究所访问学者。研究方向为气候与能源、循环经济。先后主持并参与联合国开发计划署、美国能源基金会、国家自然科学基金、国家社科基金、教育部人文社科基金等 50 余项国内外科研项目。出版专著 7 部，其中《支撑中国低碳经济发展的碳金融机制研究》获得 2019 年中国出版协会第七届中华优秀出版物（图书）提名奖，获 2020 年度辽宁省出版精品创作生产专项资金支持。译著《环境金融准则：支持可再生能源和可持续环境的金融政策》入选"十三五"国家重点图书出版规划项目"低碳智库译丛"系列丛书，获 2017 年度国家出版基金支持。在 *Journal of Cleaner Production*（SCI）以及《中国软科学》《中国人口·资源与环境》等国内外核心期刊上发表论文 40 余篇。全球可持续生产与消费联盟成员，*Journal of Cleaner Production* 及 *Applied Energy* 消费专题的匿名审稿人，Taylor & Francis 集团 Routledge 出版公司英文研究专著出版项目评审，家庭消费模式相关研究的匿名审稿人，《中国人口·资源与环境》《系统理论工程与实践》《环境经济研究》匿名审稿人。

施懿宸　中央财经大学绿色金融国际研究院高级学术顾问，中财绿指（北京）信息咨询有限公司首席顾问，新浪意见领袖，财新中国 ESG30 人论坛专家。主要研究领域为公司理财、资本市场实证、企业社会责任、投资组合与共同基金、财务风险管理、绿色金融。带领研究团队创新开发金融机构环境压力测试方法、绿色评估方法和 ESG 评估方法等。在市场产品创新方面，带领团队发布"STOXX–IIGF 中国 A 股 ESG 指数""沪深 300 绿色领先指数""中证–中财沪深 100ESG 领先指数""中证中财苏农苏州绿色发展指数""中证中财苏农长三角 ESG 债券指数"等 18 个指数。基于专业研究和市场实践经验，带领团队建立国内外认可的 ESG 数据库（涵盖 10000 多家中国 A 股上市公司和发债主体）、碳数据库（囊括 2500 多家企业的碳排放数据）、环境压力测试数据库、环境信息披露系统等。在 *Financial Management*、*Review of Quantitative Finance and Accounting* 和 *Asia-Pacific Journal of Financial Studies* 等期刊上发表学术文章多篇，并担任多个国际期刊的审稿人。

摘　要

2021 年作为"十四五"开局之年，也是紧密围绕"双碳"目标展开部署与行动的新开篇。我国坚持将理论研究与市场实践相结合，通过"自上而下"加强绿色金融顶层设计及制度政策引导、"自下而上"因地制宜地创新绿色金融产品和服务相结合的方式，逐步完善我国绿色金融体系并获得显著进展。经过近几年的规划实践与调整修正，绿色金融发展正迈入深水期。31 个省份作为我国绿色金融创新实践的具体参与者与执行者，在金融生态水平、绿色金融政策推动措施、绿色金融市场落实效果等方面仍表现出较大差异。

中央财经大学绿色金融国际研究院地方绿色金融发展评估课题组自 2018 年开始研究编制一套评估地方绿色金融生态水平的评价指标体系。该指标体系综合我国地方绿色金融发展的影响因素及反映地方绿色金融水平的考核标准，将定性与定量指标相结合，密切跟进政策与市场发展情况，实时增删相关评价指标并调整权重，以期系统梳理评价周期内全国 31 个省份的绿色金融现状与进展，方便各省份系统地了解我国地方绿色金融的总体进展。

根据 2021 年度评价周期内全国 31 个省份的绿色金融发展指数评价结果，我国地方绿色金融发展主要呈现以下几个特点。一是绿色金融改革创新试验区（简称"绿金改试验区"）所在省份表现突出，基本处于第一梯队。由于政策部署早、实践投入快等原因，绿金改试验区所在省份往往对绿色金融表现出更高的重视程度，对相关领域的政策探索与市场实践更加深入。二

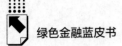
是以北京、上海、广东为代表的金融基础扎实的地区已形成集聚效应与辐射影响力。该类地区的经济金融生态优势突出，一方面，吸引着全国乃至海外更多优质资金、绿色技术、专业人才等资源聚集；另一方面，依托总部效应，发挥着中心影响力，对周边地区的发展形成带动作用。三是西部、中部、北部地区发展绿色金融对政策的依赖较为明显。西部、中部和北部地区的市场主体在市场创新与实践方面的潜能与动力略显不足，亟待吸引更多金融机构或社会资本参与绿色金融体系构建。

绿色金融是支持"双碳"目标实现的重要环节。"双碳"目标提出后，各地2021年绿色金融工作布局与活动开展的导向性更加鲜明。在政策部署方面，国务院、各部委与中国人民银行、银保监会等金融监管部门合力引导金融机构拓展绿色金融服务、加强能力培养。在地方实践方面，聚焦"碳中和"主题产品创新，深化"碳账户"等绿色基础工程建设，催生"金融+科技"赋能"双碳"目标新模式。在未来布局方面，基于分类施策的指导原则，绿色金融呈现差异化发展路线：对于以传统重工业为主的地区，重在提升绿色金融服务"高碳行业转型"的能力；对于新兴战略产业布局较快的地区，突出绿色金融对"腾笼换鸟"的支持力度；对于生态资源禀赋突出的地区，着重探索绿色金融支持"生态产品价值实现"的创新机制。

构建绿色金融体系有助于推动实现国家"双碳"目标的各项举措落地实施，在金融与产业绿色发展的良性互动中，紧抓机遇，运用绿色金融赋能产业提质增效。随着各地区绿色发展的总体规划不断完善，我国发展绿色金融的先行经验不断积累，未来绿色金融推动地方绿色发展的空间仍值得期待。

关键词： 绿色金融　"双碳"目标　绿色金融改革创新试验区

目　录 ❶

Ⅰ　总报告

Ⅱ　分报告

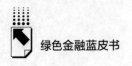
Ⅲ 专题报告

Ⅳ 技术报告

皮书数据库阅读**使用指南**

总 报 告
General Report

B.1
2021年中国地方绿色金融
发展指数报告[*]

王 遥 刘倩[**]

摘　要： 中国绿色金融在过去几年已取得长足进展，绿色信贷及绿色债券规模位居世界前列。2021年，央行深化和完善绿色金融体系建设，发布首批两项绿色金融标准，将绿色信贷和绿色债券纳入机构评级，继续推动绿色金融发力，聚焦服务"双碳"的市场实践积极活跃，绿色金融发展驶入快车道。总体上看，在2021年地方绿色金融发展评价周期内，我国地方绿色金融生态水平较上一评价周期有所提升，其中北京由于绿色金融市场效果显著，排名仍处于全国31个省份的第一位。绿色金融改革创新试验区充分发挥试验区先行先试的创新功能和示范作用，而各地绿色金融

---

* 本报告如无特殊说明，数据均来源于中央财经大学绿色金融国际研究院所建设的地方绿色金融数据库。本报告评价方法详细可参见本书技术报告。

** 王遥，中央财经大学财经研究院研究员、博士生导师，研究方向为绿色经济、可持续金融；刘倩，中央财经大学教授，研究方向为气候与能源、循环经济。

发展的综合表现与其金融生态水平排名呈现一定相关性，较高的经济、金融发展水平对绿色金融的政策推动与市场实施效果均有促进作用。未来，随着各地区经济水平的不断提升、绿色金融改革创新的影响力不断扩大、"双碳"目标下绿色金融地方实践的主动性不断增强，地方绿色金融生态水平仍将不断提升。

关键词： 绿色金融　金融生态　绿色发展

一　地方绿色金融生态水平分析

（一）地方绿色金融发展指数排名

在 2021 年评价周期内，总分为 100 分，根据总体评价结果，全国 31 个省份①绿色金融发展指数的评价结果得分为 15.70 ~ 71.55 分，平均分为 39.61 分（见表 1）。

表 1　2021 年评价周期内全国各省份绿色金融发展指数评价得分结果

省份	政策推动评价		市场效果评价		总体评价		上一周期总体评价	
	得分	排名	得分	排名	得分	排名	得分	排名
北京	25.91	9	45.64	1	71.55	1	57.10	1
浙江	37.95	1	25.59	4	63.55	2	57.04	2
广东	29.72	5	29.65	2	59.37	3	56.56	3
江西	33.19	3	21.29	7	54.47	4	49.98	4
江苏	28.36	8	26.05	3	54.42	5	46.65	5
四川	34.64	2	17.99	11	52.63	6	46.13	6
上海	24.89	11	22.34	6	47.23	7	31.99	14

---

① 本书中"省份"指中国大陆 31 个省、自治区和直辖市，不含港澳台。

续表

省份	政策推动评价		市场效果评价		总体评价		上一周期总体评价	
	得分	排名	得分	排名	得分	排名	得分	排名
福建	24.68	12	22.53	5	47.21	8	38.79	7
贵州	28.37	7	16.89	15	45.26	9	36.21	8
山东	24.93	10	19.88	8	44.81	10	32.07	13
新疆	29.87	4	12.65	25	42.51	11	34.42	10
甘肃	29.46	6	12.85	23	42.32	12	35.08	9
河南	19.40	21	19.81	9	39.21	13	28.49	20
陕西	21.06	14	17.03	14	38.09	14	27.95	21
湖南	20.49	16	16.25	17	36.73	15	31.87	15
河北	18.76	23	17.93	12	36.69	16	30.66	16
湖北	17.63	25	18.62	10	36.25	17	30.65	17
安徽	18.54	24	17.58	13	36.12	18	33.92	11
山西	19.32	22	16.59	16	35.90	19	29.60	19
内蒙古	22.66	13	13.13	22	35.79	20	33.67	12
天津	19.43	20	15.79	18	35.22	21	19.43	27
重庆	19.64	18	13.98	19	33.62	22	29.73	18
青海	20.96	15	11.52	27	32.48	23	23.01	23
宁夏	20.20	17	10.35	28	30.55	24	17.38	30
海南	17.37	26	13.14	21	30.51	25	20.94	25
广西	19.45	19	9.89	29	29.35	26	26.54	22
黑龙江	15.02	27	13.67	20	28.69	27	22.25	24
云南	13.87	28	12.83	24	26.70	28	20.04	26
辽宁	11.73	30	11.98	26	23.71	29	18.25	28
吉林	12.94	29	8.43	30	21.37	30	17.72	29
西藏	11.53	31	4.17	31	15.70	31	8.31	31

在本评价周期内,我国绿色金融发展可以分为三个梯队①(见图1)。第一梯队总得分大于42.50分,较上一评价周期的第一梯队准入分数(33.92分)整体提升超9分。位于第一梯队的省份共有11个,包括浙江、

---

① 本报告中三个梯队的划分以平均划分为原则,第一梯队共11个省份,第二、第三梯队各10个省份。

广东、江西、贵州、新疆 5 个绿色金融改革创新试验区所在省份，以及虽不是试验区但表现突出的省份——北京、江苏、四川、上海、福建、山东。总分排名第一的是北京市，总得分为 71.55 分，显著领跑地方绿色金融发展；浙江、广东的得分分别为 63.55 分、59.37 分，分居第二、第三位。

第二梯队总得分分数段为 35.22~42.32 分。从得分来看，第二梯队各省份的绿色金融生态水平较为接近。属于第二梯队的省份有甘肃、河南、陕西、湖南、河北、湖北、安徽、山西、内蒙古、天津。

第三梯队的总分低于 34 分，但仍高于上一评价周期的准入分数 27 分。属于第三梯队的省份共有 10 个，分别为重庆、青海、宁夏、海南、广西、黑龙江、云南、辽宁、吉林、西藏。

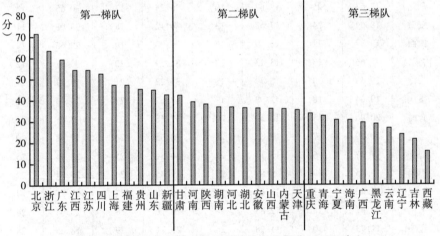

图1 我国地方绿色金融发展评价结果总得分（2021 年）

从总得分的地区分布情况来看，位列第一梯队的省份经济较为发达，如北京、浙江、广东、江苏、上海等，或绿色金融改革创新动力更为强劲，主要表现为地方绿色金融改革创新试验区多位列该梯队，或绿色金融市场实践效果较好，如四川、福建、山东等省份。从区域来看，华南地区、华北地区、华中地区以及西南地区各省份之间分数差异较大，东北地区三个省份黑龙江、吉林、辽宁的政策推动与市场效果得分均较低，地区平均分为 24.59 分，落后于其他地区，整体处于第三梯队。总体来说，全国 31 个省份的绿色金融发展评价结果呈现以下 3 个特征。

第一，金融生态水平位居前列的地区，地方绿色金融生态水平较高。基于对地方金融生态环境发展程度的评价分析，本报告中的分析结果表明，各省份的绿色金融指数得分与金融生态得分具有较强的关联性，宏观经济发展水平较高以及金融体系较为健全的地区，由于具备更积极的市场反馈，市场效果排名显著高于政策推动排名，如北京、广东、江苏、上海等。宏观经济发展水平较高，使得绿色金融的杠杆作用更大，以点带面带动全域绿色发展的效果更加显著。金融体系较为健全，则能够更好地整合绿色信贷、绿色债券、绿色保险等多元化金融服务，充分发挥各类金融工具的市场带动作用。以上海为例，据不完全统计，上海证券行业 2021 年各项绿色债券发行规模逾 606 亿元、交易规模逾 700 亿元，绿色股权融资和融资租赁等投融资金额逾 132 亿元[①]，多样化金融工具的应用使绿色金融市场效益不断扩大，尤其是上海市于 2021 年 10 月发布了《上海加快打造国际绿色金融枢纽服务碳达峰碳中和目标的实施意见》，部分政策效应将在 2022 年更充分地展现，未来整体市场表现的潜力很大。

第二，绿色金融改革创新试验区的发展水平仍保持领先。在政策体系方面，试验区所在省份均已在"十四五"规划中提出绿色金融发展目标，同时发布绿色金融综合性指导文件。与其他省份相比，这些省份的绿色金融激励政策惠及面更宽、落地性更强，在绿色金融基础能力建设、便利市场主体措施配置等方面，这些省份也处于领先水平。在市场实践层面，在绿色金融产品创新、环境权益市场建设、国内外合作交流等方面，试验区所在省份做出了较多探索。大部分绿色金融改革创新试验区所在省份位列第一梯队，显现出各试验区所在省份政府对绿色金融改革创新要求高度重视，同时表明我国绿色金融改革创新取得切实成果。绿色金融改革创新试验区通过高位推动区域绿色金融建设工作，充分发挥地方层面绿色金融体系的作用，为全国绿

---

① 《上海证券行业 2021 年度支持绿色经济发展综述》，https：//sghexport.shobserver.com/html/baijiahao/2022/02/21/665054.html。

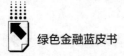
色金融改革创新积累经验。甘肃在政策方面仍处于第一梯队，但由于市场实践不足、政策落地效果欠佳等原因，整体未能进入第一梯队。

第三，绿色金融政策推动得分与市场效果得分差距较大是中西部地区位列第二、第三梯队的重要因素之一。部分省份对政策制度的推动不够有力，区域问题较为突出。一是表现在政策丰富度不足。部分省份存在绿色金融政策制定资源不足、政策工具缺乏创新、政策实施效果不佳等问题，直接反映在绿色金融的综合性政策或专项政策数量有限，对市场的引导较为乏力。二是政策执行力不佳。部分地方金融生态水平较低的省份，在省级、市级层面已发布多项绿色金融综合性指导政策、专项指导政策，但是由于政策传导机制不健全、市场条件受限等，绿色金融市场效果评价与政策推动评价差距较大，绿色金融评价总体得分较低，从而位于第二甚至第三梯队。

（二）地方绿色金融政策推动排名

在2021年评价周期内，全国31个省份的绿色金融政策推动得分为11.53~37.95分，最低分较上一评价周期高出4.25分，不同省份的得分差异较为明显（见图2）。

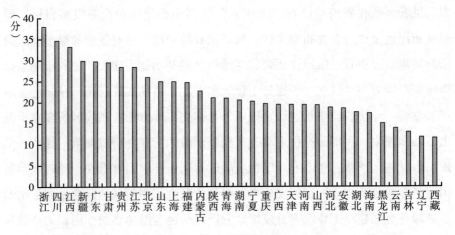

图2　全国各省份地方绿色金融发展指数政策推动评价得分（2021年）

政策推动得分排名前二的省份分数较为接近，分别为浙江和四川，得分分别为 37.95 分和 34.64 分；绿色金融改革创新试验区所在 6 个省份的得分位居前七，得分为 28.37~37.95 分，体现出试验区在绿色金融政策推动方面的工作力度；北京和上海在政策推动方面表现平平，与整体排名差别较为显著，政策推动得分排名分别为第 9 名和第 11 名，得分分别为 25.91 分和 24.89 分；黑龙江、云南、吉林、辽宁和西藏的政策推动得分相对较低，均在 16 分以下。

在地理分布方面，华东地区除安徽以外得分普遍较高，大部分省份排名较为靠前；华南地区、华北地区所在省份之间的分数差距较大；西北地区除新疆和甘肃位居前列外，其他省份得分居中；西南地区四川、贵州位居前列，重庆居中，其余省份得分较低；东北三省排名普遍靠后。

（三）地方绿色金融市场效果排名

在 2021 年评价周期内，各省份的绿色金融市场效果评价得分为 4.17~45.64 分，最低分较上一评价周期高出 3.13 分，不同省份的得分差异较为明显（见图 3）。

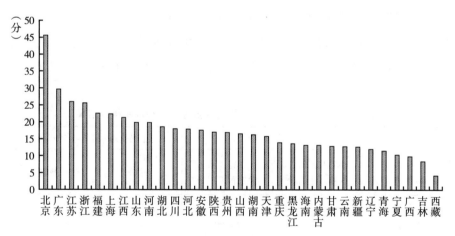

图 3　全国各省份地方绿色金融发展指数市场效果评价得分（2021 年）

绿色金融市场效果得分排名第一的为北京市，得分为 45.64 分。北京立足全国政治中心、文化中心、国际交往中心、科技创新中心"四个中心"建设及国家金融管理中心定位，绿色金融发展始终走在全国前列，尤其是市场表现突出，政策效应凸显。目前，在"双碳"目标下，北京正在申请创建国家绿色金融改革创新试验区，不断完善绿色金融体系，以期更好地建设全球绿色金融和可持续金融中心。市场效果得分位列第二、第三的广东、江苏两省经济发展水平较高，金融市场较为活跃，绿色金融市场效果得分分别为29.65分和26.05分。新疆、甘肃作为绿色金融改革创新试验区所在省份，市场效果评分较低，进一步反映出政策制定与市场实践间仍存在障碍。

从中国地理区域划分的角度来看，珠三角、长三角地区的大多数省份市场效果得分较高，华东、西北、西南地区各省份之间的得分差异较大，东北地区三个省份的得分普遍不太理想。

二 地方金融生态总体分析

在2021年评价周期内，全国31个省份金融生态水平总体较高，区域差异较大。全国31个省份金融生态水平得分为28~89分，平均分为54分，中位数为53分，标准差①为1，金融生态水平分数的分布较广，且较为分散（见表2）。在本评价周期内，全国31个省份的金融生态水平可以分为三个梯队。

表2 2021年评价周期内全国各省份金融生态水平得分结果

省份	金融生态水平构成		金融生态水平得分和排名	
	宏观经济 发展水平得分	金融体系 发展程度得分	总分	排名
北京	93.36	84.91	89.13	1
上海	93.86	82.90	88.38	2
浙江	74.57	74.73	74.65	3

---

① 标准差为样本数据偏离平均值差值的平方和（即方差）的算数平方根，用以反映样本内个体间的离散程度。

省份	金融生态水平构成		金融生态水平得分和排名	
	宏观经济 发展水平得分	金融体系 发展程度得分	总分	排名
广东	68.53	73.14	70.84	4
江苏	74.36	66.35	70.35	5
福建	69.12	64.37	66.74	6
天津	71.05	60.75	65.90	7
重庆	63.54	63.50	63.52	8
山东	56.67	64.13	60.40	9
湖北	61.07	58.54	59.81	10
四川	48.64	69.22	58.93	11
安徽	54.23	59.99	57.11	12
江西	52.46	60.32	56.39	13
陕西	48.01	63.36	55.68	14
湖南	52.86	57.24	55.05	15
吉林	44.15	62.25	53.20	16
河南	44.92	56.01	50.47	17
山西	45.93	52.60	49.26	18
河北	39.61	55.94	47.78	19
广西	36.06	58.29	47.18	20
辽宁	50.38	43.15	46.76	21
新疆	33.34	60.04	46.69	22
甘肃	27.99	61.78	44.88	23
内蒙古	45.19	44.45	44.82	24
贵州	30.72	55.74	43.23	25
黑龙江	34.09	49.63	41.86	26
云南	37.66	42.44	40.05	27
宁夏	35.05	38.50	36.78	28
西藏	27.54	44.57	36.06	29
海南	45.38	24.13	34.75	30
青海	24.30	31.45	27.88	31

第一梯队评价得分在 58.93 分及以上，位于第一梯队的省份共有 11 个，主要包括北京、上海、浙江、广东等经济发达省份。该梯队的平均分为

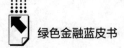

69.88 分，得分位居第一的是北京，总分为 89.13 分，得分居末位的是四川，总分为 58.93 分。

第二梯队评价得分为 46.76~57.11 分，位于第二梯队的省份共有 10 个，主要包括安徽、江西和陕西等省份。该梯队的平均分为 51.89 分，得分位居第一的是安徽，总分为 57.11 分，得分居末位的是辽宁，总分为 46.76 分。

第三梯队的评价得分在 46.69 分及以下，位于第三梯队的省份共有 10 个，主要包括新疆、甘肃、内蒙古等省份。该梯队的平均分为 39.70 分，得分位居第一的是新疆，总分为 46.69 分，得分居末位的是青海，总分为 27.88 分。

三　全国31个省份金融生态水平与
绿色金融生态水平对比

如图 4 所示，全国 31 个省份金融生态水平总体得分与绿色金融生态水平总体得分呈现较强的关联性，两组数据的相关系数为 0.72。金融生态水平相对较高的省份，绿色金融生态水平也相对较高。同时，部分省份的绿色金融生态水平明显高于金融生态水平，尤以绿色金融改革创新试验区所在省份，如江西、新疆、甘肃、贵州等为典型。

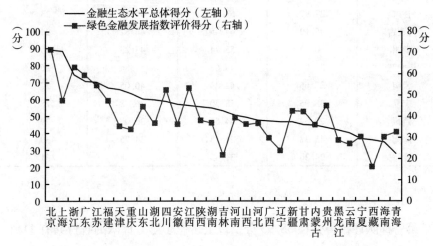

图 4　全国各省份金融生态水平与绿色金融生态水平总体得分

（一）金融生态水平第一梯队

在金融生态水平第一梯队中，大部分省份的绿色金融生态水平处于全国中上水平，地方宏观经济与既有的相对完善的金融体系对绿色金融发展的支撑作用显著。其中，广东、浙江作为我国绿色金融改革创新试验区所在省份中金融整体发展水平相对较高的省份，有关绿色金融的政策设计及实践服务也较为丰富，其在市场开拓、产品创新、人才培育等方面领先探索，为我国各地绿色金融发展开辟出一条示范道路。江苏、福建、山东等东部沿海省份依托产业经济优势，为绿色金融与产业的融合实践提供有力支持。天津、重庆的绿色金融总体评价相对靠后，在地区可观的经济体量下，未来如果能够加快绿色金融布局，实施效果将更为显著。

（二）金融生态水平第二梯队

在金融生态水平第二梯队中，多数地区的绿色金融生态水平处于全国发展的平均水平。其中，江西作为绿色金融改革创新试验区所在省份，绿色金融生态水平高于梯队内其余省份。江西省先后出台《江西省"十三五"建设绿色金融体系规划》《江西省人民政府关于加快绿色金融发展的实施意见》等多项绿色金融发展指引，并推出《赣江新区绿色金融创新奖励（补助）暂行办法》《关于加强运用货币政策工具支持赣江新区建设绿色金融改革试验区的通知》等若干财政奖补、货币工具的激励举措，为提升市场效益提供更有利的制度基础。吉林、辽宁的绿色金融发展基础薄弱，绿色金融发展指数评价得分相对排名靠后。

（三）金融生态水平第三梯队

在金融生态水平第三梯队中，地区绿色金融发展普遍相对落后，但绿色金融改革创新试验区所在省份则表现突出。贵州、甘肃作为绿色金融改革创新试验区所在省份，在金融机构建设、金融产品创新上处于相对领先的水平，因而绿色金融生态水平领先于地区金融生态水平。黑龙江、云南、西藏

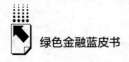

等地区由于市场环境的影响，在政策引导不足的情况下，绿色金融的发展水平总体偏低。

四　2021年全国及地方绿色金融发展总结

绿色金融是推动经济低碳、绿色发展的重要力量，在中国推动生态文明建设以及实现"双碳"目标的过程中扮演着日益重要的角色。2016年8月，中国人民银行、财政部、国家发改委、环境保护部、银监会、证监会、保监会联合印发《关于构建绿色金融体系的指导意见》（以下简称《指导意见》）。《指导意见》指出，构建绿色金融体系，不仅有助于加快我国经济向绿色化转型，也有利于促进环保、新能源、节能等领域的技术进步，加快培育新的经济增长点，提升经济增长潜力，同时动员和激励更多社会资本投入绿色产业。《指导意见》印发以来，我国绿色金融体系发展成效显著，绿色金融服务绿色发展能力不断增强。随着各项政策的发布，我国成为全球首个建立了比较完整的绿色金融政策体系的经济体，并提出从政策到市场、从中央到地方的一系列绿色金融发展举措，以促进生态环境治理、支持绿色产业发展。

（一）全国绿色金融：呈快速有序发展态势

与上一评价周期相比，本评价周期内全国31个省份的绿色金融评价总分均有所提高，说明我国绿色金融发展取得积极成效。同时，在"双碳"目标引领下，全国绿色金融发展呈现扩面、深化的趋势，政策体系不断完善。在三个梯队中，部分省份的评价排名出现明显上升，如上海、河南、陕西、天津、宁夏等地的绿色金融总体评价排名均较上一年有显著提升，同时存在部分省份排名下降，总体来看，第一梯队的变化相对较小。在市场效果评价得分高于政策推动评价得分的省份中，大部分省份在上年的评价中也属于同样的情形，福建、安徽、海南、黑龙江4个省份的评价结果则与上年不同，本年度市场效果评价排名高于政策推动排名。随着绿色金融的持续深化发展，未来将有越来越多"后起之秀"。

（二）绿色金融改革创新试验区：在持续领先中带动绿色金融实践

2017年6月以来，国务院先后在浙江、江西、广东、贵州、甘肃、新疆六省（区）九地设立绿色金融改革创新试验区，探索自下而上的可复制可推广的地方绿色金融发展路径。经过5年的改革实践，绿色金融改革创新试验区在政策领域已取得一定成效，同时，在政府的引导与推动下，各试验区实现了体制机制的重大创新，推广了一批可复制的经验，形成了显著的区域特色。随着绿色金融改革在全国全面铺开，试验区的先进经验和创造能力逐渐形成了试点效应，绿色金融效能进一步发挥。2021年，在已有政策基础上，各试验区创新性地在标准、监管、激励等领域制定政策，进一步健全绿色金融改革的体制机制，促进绿色金融加快发展。同时，在较为完善的绿色金融政策体系引导下，各试验区推动绿色金融产品和服务方式创新发展，不断拓展绿色金融融资渠道，地方绿色金融市场稳步增长。在地方绿色金融总体评价中，与上一评价周期相比，本评价周期内绿色金融改革创新试验区所在省份的整体评价得分均有所增加，排名略有变动。在政策层面，6个省份已基本形成绿色金融改革创新的政策框架，并出台了一系列绿色金融改革创新激励与约束政策，引导金融资源流向绿色低碳领域；在市场层面，试验区所在省份在银行、证券、保险、基金等领域开展了丰富的绿色金融实践，并积极推进绿色金融国际合作。从政策推动评价与市场效果评价的差距来看，新疆、甘肃的政策推动评价排名远超市场效果评价排名，未来随着金融生态的改善，其还有较大的市场潜力。

（三）其他地方绿色金融发展：绿色金融的普及与深化趋势已成

在绿色金融政策发布方面，各省份已经出台了一系列低碳相关政策，综合性政策、专项政策数量均有所增加，绿色金融相关支持政策持续细化。然而，政策引导不足，或者重政策制度建设、轻政策制度落实的现象依然存在。在绿色金融市场实践方面，各省份金融机构将绿色发展理念融入发展战略，创新金融产品与服务，开展了不同程度的市场实践。不过，各地金融机

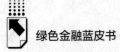

构在重视程度和执行效果上还存在差异，尤其表现在不同绿色金融工具运用的多样性和产品丰富程度上。在绿色金融的配套机制方面，各省份在绿色金融顶层设计和规划的基础上，完善绿色金融政策框架和激励约束机制，充分发挥金融支持绿色发展的功能。不过，在激励机制、评估能力等方面仍需强化，以进一步增强对政策执行的推进及对执行效果的管理。2021年绿色金融的国际合作也是地方绿色金融发展的重要特点，尤以北京、上海、广东等地为代表，包括举办国际绿色金融论坛，推动跨区域绿色金融合作等。

分 报 告
Sub-reports

B.2
地方金融生态水平报告[*]

任玉洁　乔诗楠　傅奕蕾[**]

摘　要： 本报告从宏观经济发展水平和金融体系发展程度两个方面对地方金融生态水平进行评估。在宏观经济发展水平方面，主要通过衡量并比较经济规模、经济结构及经济质量的关键指标完成；在金融体系发展程度方面，主要通过衡量并比较金融体系发展规模、金融体系发展效率、金融体系发展功能的关键指标完成。评估发现，地区金融生态水平呈现东部省份普遍高于中部、西部省份，沿海省份普遍高于内陆省份的特征。

关键词： 地方金融生态　宏观经济　金融体系

* 本报告如无特殊说明，数据均来源于中央财经大学绿色金融国际研究院所建设的地方绿色金融数据库。本报告评价方法详细可参见本书技术报告。

** 任玉洁，中央财经大学绿色金融国际研究院绿色金融研究中心主任，长三角绿色价值投资研究院院长助理，研究方向为生态文明建设、绿色金融、生态产品价值实现；乔诗楠，中央财经大学绿色金融国际研究院助理研究员，研究方向为绿色金融、转型金融；傅奕蕾，中央财经大学绿色金融国际研究院研究员，研究方向为绿色金融、金融工具。

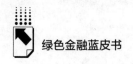

一 地方宏观经济发展水平

对地方宏观经济发展水平的评估主要通过衡量并比较经济规模、经济结构及经济质量的关键指标完成。经济规模的扩大表现在相关生产要素的累积；经济结构的优化表现在国民经济资源分配的优化与调整；经济质量的提升则囊括了民众生活、生产制造、社会活动等向绿色化、现代化、可持续化演进的各个方面。

（一）宏观经济发展水平与绿色金融的关联

绿色金融与经济高质量发展之间存在高度耦合[①]，在构建以国内大循环为主体、国内国际双循环相互促进的新发展格局中发挥着重要作用。在服务国内经济绿色发展方面，绿色金融拉动绿色市场内需、支持绿色产业壮大、培育绿色消费理念，通过供给侧改革与需求侧引领助力经济结构优化与经济可持续发展。在供给侧，绿色金融拓宽绿色产业融资渠道，撬动资源向低碳节能领域倾斜，加速"两高一剩"行业转型升级，助力有序淘汰落后产能，培育新兴优质产品与技术；在需求侧，绿色金融引导消费者养成节能环保的消费习惯，带动新能源汽车、低碳建筑等绿色交通、绿色建筑领域的绿色产品销售。在服务经济对外开放方面，绿色金融为绿色产业注入强大的动力，也进一步推动我国绿色贸易彰显韧性，助力提升新能源、光伏等高景气产业的贸易量。2007~2020 年，中国绿色产品出口额共计 32813 亿美元，占全球绿色产品出口额的 17.5%，年均绿色产品出口增长率为 8.8%，高于全球 3.6%的平均增长速度，绿色产品出口额及绿色产品贸易顺差均位列全球第一[②]。据海关总署统计，2021 年中国电动载人汽

---

① Cowan, E., "Topical Issues in Environmental Finance", Asia Branch of the Canadian International Development Agency, 1998.

② 绿色产品是指在生产、使用、回收等一个或多个环节有助于减少污染或缓解气候变化的产品。中国绿色产品出口总数据来源于联合国贸易数据库。

车实现出口 31 万辆，同比增长 38.39%；每辆电动载人汽车出口单价达 1.9 万美元，同比增长 61.02%；锂离子电池出口达 34.3 亿只，同比增长 54.5%，出口价格自 2017 年以来保持 15%左右的增速。由此可见，绿色金融对内、外市场宏观经济的扩量提质都起到了推动作用。

（二）宏观经济发展水平评价分析

1. 评价思路与指标选择

宏观经济发展水平研究方法可分为单一指标分析和多维度指标综合分析。单一指标分析具有分析高效、结果清晰易懂的特点，以 1994 年刘树成等主编的《中国地区经济发展研究》为例，人均国民收入被作为研究核心，并以此进行指标评估。多维度指标综合分析相较于单一指标分析是更常见、更全面的研究方法。2002 年厉以宁主编的《区域发展新思路》从经济发展投入、经济发展绩效以及资源禀赋情况等角度出发，构建了涵盖多达 26 项指标的指标体系。

借鉴学术界地方经济研究的常用指标，综合数据可得性与结果可研性，本报告共选取经济规模、经济结构、经济质量 3 项一级指标并确定 8 项二级指标，具体指标体系构建如表 1 所示。

表 1　宏观经济发展水平评价指标体系

一级指标	二级指标	公式	指标方向
经济规模	人均 GDP	GDP/总人口	正向
	固定资产投资（不含农户）比上年增长倍数	固定资产投资（不含农户）比上年增长（%）+1	正向
	人均社会消费品零售总额	社会消费品零售总额/总人口	正向
	人均货物进出口总额	按经营单位所在地分货物进出口总额/总人口	正向
经济结构	非农 GDP 占比	非农 GDP/GDP	正向
	城镇化率	城镇人口/总人口	正向

续表

一级指标	二级指标	公式	指标方向
经济质量	人均可支配收入	人均可支配收入	正向
	单位 GDP 电耗	电力消费量/GDP	负向

经济规模主要衡量各省份的经济体量，选取人均 GDP、固定资产投资（不含农户）比上年增长倍数、人均社会消费品零售总额、人均货物进出口总额 4 项二级指标，以反映各省份的生产、投资、消费及进出口基本状况。

经济结构主要衡量各省份的产业结构、人口结构等，选取非农 GDP 占比、城镇化率为二级指标。

经济质量主要衡量各省份人民生产生活水平的变化，选取人均可支配收入、单位 GDP 电耗为二级指标。

选取的 8 项二级指标中除单位 GDP 电耗，其余指标均为正向指标，即指标的公式计算结果数值越大，指标得分越高，待评主体该项指标表现越佳；相反，负向指标公式计算数值越大，得分越低，待评主体该项指标表现越差。

2. 指标权重确定

本报告对指标权重的赋值采用平均权重法，即针对 8 个二级指标，每个指标赋予 12.5% 的权重。经济规模指标权重共计 50%，经济结构指标合计权重为 25%，经济质量指标合计权重为 25%。

3. 经济规模分析

（1）人均 GDP

人均 GDP 通过地区生产总值与地区常住人口的比值计算得出，可用于衡量地区宏观经济发展状况与人民生产生活水平。人均 GDP 作为正向指标，其数值越高，反映相应省份的经济发展状态越佳。

如图 1 所示，2021 年全国人均 GDP 最高的省份是北京，约为 183963.45 元。排名前三的省份分别为北京、上海及江苏。人均 GDP 最低的省份是甘肃，约为 41137.75 元。全国 31 个省份人均 GDP 平均值约为

79603.97 元，中位数约为 65226.06 元，标准差约为 34862.46，变异系数①约为 0.43。数据离散程度较高，经济发达省份与欠发达省份人均 GDP 差异较大，且大部分省份的人均 GDP 处于 7 万元以下。从地域分布来看，东部省份人均 GDP 相对较高。

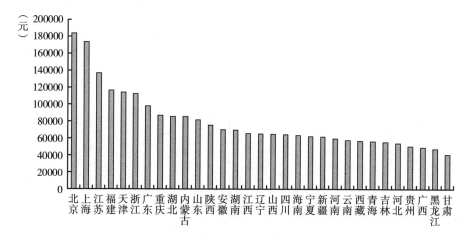

图 1　2021 年全国各省份人均 GDP

资料来源：国家统计局。

（2）固定资产投资（不含农户）比上年增长倍数

固定资产投资（不含农户）比上年增长倍数反映出各省份年度间以货币形式投向建造及购置固定资产的费用值的变化情况，在一定程度上反映地区基本建设及再生产投资规模。固定资产投资（不含农户）比上年增长倍数作为正向指标，其数值越大，反映相应省份的固定资产投资活动越高效。增长倍数大于 1，表示该省份 2021 年固定资产投资完成额较 2020 年有所增长；增长倍数小于 1，表示该省份 2021 年固定资产投资完成额较 2020 年有所下降。

---

① 变异系数是概率分布离散程度的归一化量度，计算定义为样本标准差与平均值之比，该统计指标剔除了不同样本组别因数据测量尺度或量纲不同对离散程度比较产生的影响。变异系数越小，数据离散程度越低。

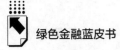

如图 2 所示，2021 年全国固定资产投资（不含农户）比上年增长倍数最大的省份是湖北，为 1.204 倍，排名前三的省份分别为湖北、新疆、甘肃，2021 年有 27 个省份的固定资产投资（不含农户）比 2020 年有所增长。全国 31 个省份固定资产投资（不含农户）比上年增长倍数平均值为 1.06 倍，中位数为 1.06 倍，标准差为 0.06，变异系数约为 0.06。由图 2 可知，全国 31 个省份固定资产投资（不含农户）比上年增长倍数较为均衡。

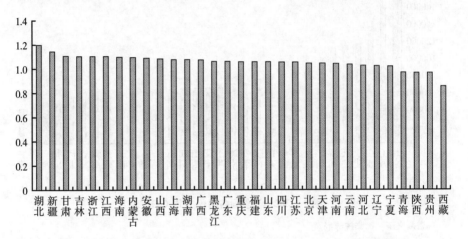

图 2　2021 年全国各省份固定资产投资（不含农户）比上年增长倍数

资料来源：国家统计局。

（3）人均社会消费品零售总额

人均社会消费品零售总额通过社会消费品零售总额与地区常住人口的比值计算得出。人均社会消费品零售总额综合考量地区零售市场发展规模及人均社会商品购买力。作为正向指标，人均社会消费品零售总额越高，反映出该地区人民物质及文化消费水平越高，内需拉动经济增长的效力越显著。

如图 3 所示，2021 年全国人均社会消费品零售总额最高的省份是上海，约为 72636.8 元，北京紧随其后。排在末位的是新疆，为 13845.50 元。全国 31 个省份人均社会消费品零售总额平均值为 29799.12 元，中位数为 24670.34 元，标准差为 14551.33，变异系数约为 0.49，表明各省份在这一指标上表现差异明显。上海与北京的人均社会消费品零售总额明显高于其余省份，东部地区的人均社会消费品零售总额普遍高于中西部地区，大部分省份的社会消费品零售总额低于 3 万元。

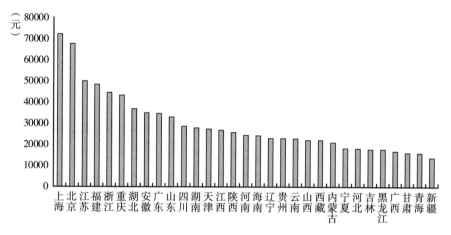

图 3 2021 年全国各省份人均社会消费品零售总额

资料来源：国家统计局。

（4）人均货物进出口总额

人均货物进出口总额通过经营单位所在地货物进出口总额与地区常住人口的比值计算得出。人均货物进出口总额反映地区的贸易活动情况，作为正向指标，人均货物进出口总额越大的省份，贸易规模越大，对外贸易拉动经济增长的效果越显著。

如图 4 所示，2021 年全国人均货物进出口总额最高的省份是上海，约为 25255.23 美元。排名前三的省份分别为上海、北京、广东。排在末位的是青海，仅为 81.57 美元。全国 31 个省份人均货物进出口总额平均值为 4101.78 美元，中位数为 1706.39 美元，标准差为 6009.22，变异系数约为 1.47，数据差异大，阶梯分布显著。上海与北京的领先优势明显，人均货物进出口总额超过 20000 美元，远超其余省份；东部沿海地区广东、浙江、天津、江苏、福建虽逊于上海、北京，但整体表现良好，人均货物进出口总额在 5000 美元以上；中西部省份的人均货物进出口总额较低。

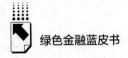

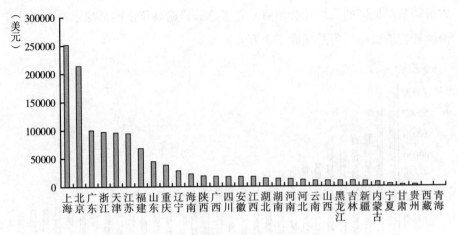

图4 2021年全国各省份人均货物进出口总额

资料来源：国家统计局。

4.经济结构分析

（1）非农 GDP 占比

非农 GDP 占比通过地区第二产业 GDP、第三产业 GDP 之和与地区总 GDP 的比值计算得出。非农 GDP 占比作为正向指标，反映地区非农产业对经济增长的贡献度。非农 GDP 占比越大，表明省内非农产业占比越大，经济结构越优。

如图 5 所示，2021 年全国非农 GDP 占比最高的省份是上海，为 99.77%。排名前三的省份分别为上海、北京、天津，排在末位的是黑龙江，为 76.73%。全国 31 个省份非农 GDP 占比平均值为 90.82%，中位数为 91.08%，标准差为 0.05，变异系数约为 0.06，数据差异不大。全国 31 个省份的非农 GDP 占比总体较高，其中近七成省份的非农 GDP 占比超 90%。部分中西部地区和北方地区的经济结构较为传统，第一产业 GDP 占比略高于东部省份。

（2）城镇化率

城镇化率通过城镇人口与地区常住人口的比值计算得出，作为正向指标，城镇化率越高，表明人口向城市迁移的集聚效应越显著，城市化进程越快。

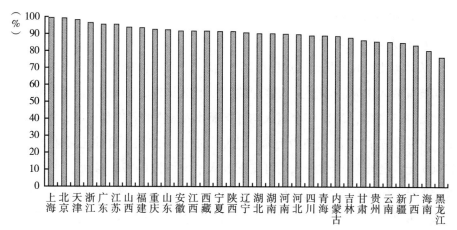

图 5　2021 年全国各省份非农 GDP 占比

资料来源：国家统计局。

如图 6 所示，2021 年全国城镇化率最高的省份是上海，为 89.31%。排名前三的省份分别为上海、北京、天津，排在末位的是西藏，为 36.61%。全国 31 个省份城镇化率平均值为 64.51%，中位数为 63.42%，标准差为 0.11，变异系数约为 0.17。排名前三省份的城镇化率明显高于其余省份，西藏的城镇化率与其余省份仍有一定程度的断层。我国近九成省份的城镇化率集中在 50%~70% 的区间，城镇化率整体呈现东高西低的特征。

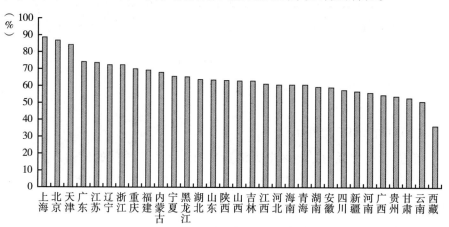

图 6　2021 年全国各省份城镇化率

资料来源：国家统计局。

5. 经济质量分析

（1）人均可支配收入

人均可支配收入是地区居民可用于自由支配消费与存储的收入总和。人均可支配收入作为正向指标，其数值越大，代表该省份人民的生活质量越高。

如图 7 所示，2021 年全国人均可支配收入最高的省份是上海，为 78027 元。排名前三的省份分别为上海、北京、浙江。排在末位的是甘肃，仅为 22066 元。全国 31 个省份人均可支配收入平均值为 34973.94 元，中位数为 30457 元，标准差为 13652.86，变异系数约为 0.39。大部分省份的人均可支配收入集中在 30000 元左右，东部经济发达省份与中西部省份的人均可支配收入差距较大。

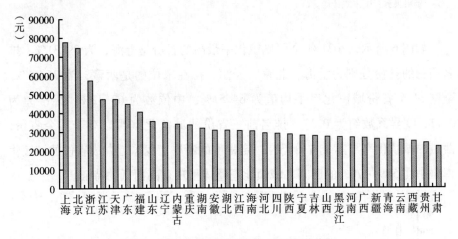

图 7　2021 年全国各省份人均可支配收入

资料来源：国家统计局。

（2）单位 GDP 电耗

单位 GDP 电耗通过地区电力消费量与地区生产总值的比例计算得出。该负向指标衡量了生产生活的低碳节能程度，单位 GDP 电耗数值越小，表明地区经济绿色发展质量越高。

如图 8 所示，2021 年全国单位 GDP 电耗最低的省份是北京，仅 0.03 千瓦时/元。排名前三的省份分别为北京、上海、湖南。排在末位的是青海，为 0.25 千瓦时/元。全国 31 个省份单位 GDP 电耗的平均值为 0.09 千瓦时/元，中位数为 0.06 千瓦时/元，标准差为 0.06，变异系数约为 0.66，数据分布呈现显著的右偏趋势，排名靠后的省份主要在西北部地区，中前部排名未呈现明显的地区分布特征。

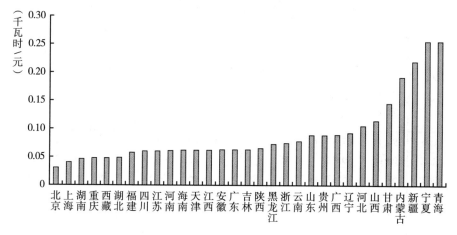

图 8　2021 年全国各省份单位 GDP 电耗

资料来源：国家统计局。

（三）宏观经济发展水平总结

如表 2 所示，根据 2021 年全国 31 个省份宏观经济发展水平总得分，排名前三的省份分别是上海、北京、浙江，排名后三的省份分别是甘肃、西藏、青海。宏观经济发展水平呈现东部省份普遍高于中部、西部省份，沿海省份普遍高于内陆省份的特征。全国 31 个省份的总分排名可分为三个梯队：第一梯队是排名前 11 的省份，包括上海、北京、浙江、江苏等经济强省，处于该梯队的省份人均 GDP、人均社会消费品零售总额、人均货物进出口总额、人均可支配收入等显著高于其余省份；第二梯队是排名处于中部 10 位的省份，包括湖南、江西、辽宁等省份，处于该梯队的省份宏观经济发展水平处于全国中游，虽然经济基础及发展实力略弱于第一梯队，但依托其地理资源禀赋、人口系数、特色产业优势等，各分项表现有强有弱，总体宏观经济发展水平

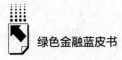

不低；第三梯队是排名处于后 10 位的省份，包括河北、云南、广西等，多属于经济后发地区，受地理、劳动力等因素影响，城镇化进程相对迟缓，农业占 GDP 比重相对偏高，宏观经济发展水平相对落后。

表2　2021年全国各省份宏观经济发展水平得分及排名

省份	经济规模				经济结构		经济质量		总分
	人均GDP	固定资产投资(不含农户)比上年增长倍数	人均社会消费品零售总额	人均货物进出口总额	非农GDP占比	城镇化率	人均可支配收入	单位GDP电耗	
上海	96.14	67.92	100.00	100.00	100.00	100.00	100.00	86.84	93.86
北京	100.00	59.32	95.95	97.21	99.83	97.68	96.87	100.00	93.36
浙江	67.11	75.47	70.66	83.50	89.26	76.86	75.89	57.84	74.57
江苏	80.23	61.85	77.72	82.93	85.11	78.83	60.70	67.55	74.36
天津	68.23	59.04	41.31	83.23	95.37	94.25	60.62	66.37	71.05
福建	69.54	62.40	75.83	77.17	77.58	72.18	48.39	69.84	69.12
广东	57.99	63.24	55.67	84.00	85.25	79.86	56.41	65.86	68.53
重庆	49.88	62.68	69.05	67.23	73.70	73.21	33.77	78.77	63.54
湖北	49.07	100.00	59.28	49.89	63.62	62.77	26.48	77.46	61.07
山东	45.81	62.40	52.68	69.77	72.20	62.53	38.10	49.87	56.67
安徽	35.75	71.72	56.16	53.48	69.86	54.26	26.67	65.90	54.23
湖南	35.07	67.92	42.67	49.57	63.36	54.85	29.41	80.05	52.86
江西	31.13	75.47	40.35	53.02	69.62	58.08	25.91	66.12	52.46
辽宁	30.77	52.78	30.97	61.81	65.28	77.09	36.78	47.52	50.38
四川	29.84	62.12	44.24	53.55	58.58	51.25	21.85	67.71	48.64
陕西	40.42	36.21	37.84	54.54	68.78	61.98	20.45	63.88	48.01
山西	30.77	69.83	28.65	43.55	78.55	61.61	17.22	37.54	45.93
海南	28.96	73.87	34.40	57.78	18.89	57.21	25.52	66.39	45.38
内蒙古	48.83	72.80	25.37	39.74	57.16	69.77	34.48	13.39	45.19
河南	24.73	58.20	34.85	48.09	62.68	48.55	15.42	66.85	44.92
吉林	20.27	76.01	15.00	43.32	53.33	61.52	18.20	65.53	44.15
河北	18.45	53.93	16.30	45.76	60.85	57.51	22.67	41.42	39.61
云南	22.80	56.78	30.31	44.34	42.31	37.27	11.97	55.54	37.66
广西	11.84	66.82	12.21	54.15	33.45	45.78	15.17	49.07	36.06

续表

省份	经济规模				经济结构		经济质量		总分
	人均 GDP	固定资产投资(不含农户)比上年增长倍数	人均社会消费品零售总额	人均货物进出口总额	非农 GDP 占比	城镇化率	人均可支配收入	单位 GDP 电耗	
宁夏	27.79	51.63	17.21	30.07	68.88	66.20	18.59	0.06	35.05
黑龙江	9.76	63.51	14.94	43.49	0.00	65.56	16.44	58.99	34.09
新疆	27.10	86.46	0.00	42.59	40.16	50.12	13.22	7.06	33.34
贵州	14.15	35.91	30.92	20.41	43.70	44.27	6.64	49.79	30.72
甘肃	0.00	76.27	9.52	22.99	46.44	42.18	0.00	26.51	27.99
西藏	21.58	0.00	28.32	12.82	69.59	0.00	9.73	78.30	27.54
青海	21.00	36.52	8.56	0.00	58.48	57.14	12.75	0.00	24.30

二　地方金融体系发展程度

对地方金融体系发展程度的评估主要是通过衡量并比较地方金融体系发展规模、发展效率、发展功能的关键指标来完成。金融体系发展规模的扩大表现在融资规模和金融产业规模的扩张；金融体系发展效率的提升表现在直接融资方式的占比扩大和劳动生产率的提高；金融体系发展功能的增强则表现在金融服务范围和金融服务使用的各个方面。

（一）金融体系发展程度与绿色金融的关联

绿色金融作为金融供给侧改革的重要内容之一，与地方金融体系既互相独立又互相影响。二者相互独立体现在，与地方金融体系相比，绿色金融特点突出，旨在通过为指定类别下的绿色项目提供金融服务，推动金融活动与环境保护、生态平衡的协调发展，最终实现经济社会的可持续发展。二者的相互影响体现在：绿色金融可以优化地方金融体系的资源配置，成为丰富地方金融供给的有效支撑；同时，地方金融的发展也可加速绿色金融实践，金融

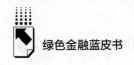

机构多样、金融市场活跃、金融工具丰富、金融规则清晰的地区，发展绿色金融更有优势，可以有效地提高绿色金融运行效率并降低信息成本和交易成本。

（二）地方金融体系发展程度评价分析

1. 评价思路与指标选择

金融体系发展程度的研究主要有两种思路。第一种思路仅考虑金融体系本身的发展状况，在金融规模、金融结构和金融效率三个维度下考虑金融融资规模、组织规模、融资结构、银行结构、金融产出效率、金融配置效率等[1]内容，该思路将社会发展、政府能力等其他方面的因素排除，具有分析内容清晰、涉及领域专一的特点。第二种思路不仅考虑金融体系本身的发展状况，还综合考虑城市的发展程度、地方政府的执政水平等内容，具有分析内容丰富、涉及领域全面的特征。

借鉴学术界研究地方金融体系发展程度的常用指标，综合考虑数据可得性与结果可研性，本报告选取金融体系发展规模、金融体系发展效率与金融体系发展功能3项一级指标并确定8项三级指标，具体指标体系构建如表3所示。

表3　金融体系发展程度评价指标体系

一级指标	二级指标	三级指标	公式	指标方向
金融体系发展规模	金融市场规模	社会融资规模	社会融资规模	正向
		人民币贷款余额	人民币贷款余额	正向
	金融产业规模	金融业GDP占比	金融业GDP/GDP	正向
		金融机构总资产	金融机构总资产	正向
金融体系发展效率	金融体系发展效率	直接融资占比	（社会融资规模企业债券+社会融资非金融企业境内股票融资）/（社会融资规模企业债券+社会融资非金融企业境内股票融资+社会融资人民币贷款）	正向
		金融业劳动生产率	金融业GDP/金融机构营业网点从业人数	正向

---

① 夏祥谦：《各省区市金融发展水平的比较研究》，《金融理论与实践》2014年第1期。

一级指标	二级指标	三级指标	公式	指标方向
金融体系 发展功能	金融体系 发展功能	金融服务覆盖率	金融机构网点数/总人口	正向
		金融服务使用率	人均新增人民币贷款/人均 GDP	正向

在金融体系发展规模下,选取社会融资规模、人民币贷款余额、金融业GDP 占比、金融机构总资产 4 项三级指标,以反映地区金融对实体经济的资金支持程度和金融业生产活动的最终成果。

在金融体系发展效率下,主要选取直接融资占比和金融业劳动生产率作为三级指标,以反映地区融资效率、金融风险程度以及银行业从业人员的产出效率。

在金融体系发展功能下,主要选取金融服务覆盖率和金融服务使用率作为三级指标,以反映地区金融体系的完善程度。

选取的 8 项指标均为正向指标,即相应指标的公式计算结果数值越大,相应指标评分越高,待评主体该指标表现越佳。

2. 指标权重确定

本部分指标权重的赋值方法采用平均权重法,即针对 8 个具体指标,每个指标权重均为 12.5%。其中,金融体系发展规模指标合计权重为 50%;金融体系发展效率指标合计权重为 25%;金融体系发展功能指标合计权重为 25%。

3. 金融体系发展规模分析

(1)社会融资规模

社会融资规模是指金融业对实体经济的新增融资总量,包括银行体系的间接融资以及债券、股票等市场的直接融资,社会融资规模可衡量实体经济实际获得融资的状况。社会融资规模作为正向指标,其数值越高,反映相应省份金融体系支持实体经济的资金总量越大。

如图 9 所示,2021 年全国 31 个省份社会融资规模最大的是江苏,为102929 亿元。排名前三的省份分别是江苏、广东和浙江。社会融资规模最

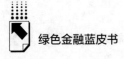

小的省份是辽宁，为-41.29亿元。全国31个省份社会融资规模平均值约为25343.18亿元，中位数约为18011.21亿元，标准差约为27862.01，变异系数约为1.1，数据离散程度较高，不同省份的社会融资规模差异较大。

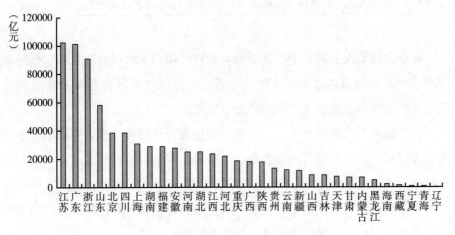

图9　2021年全国各省份社会融资规模

资料来源：国家统计局。

（2）人民币贷款余额

人民币贷款余额是指银行和其他金融机构截至某一时点的人民币贷款金额的总和，人民币贷款余额可衡量实体经济从金融机构获得贷款的状况。人民币贷款余额作为正向指标，其数值越高，反映相应省份的金融机构通过贷款方式支持实体经济的资金越多。

如图10所示，2021年全国31个省份人民币贷款余额最高的是广东，为20.5万亿元。排名前三的省份分别是广东、山东和上海。人民币贷款余额最小的省份是西藏，为0.51万亿元。全国31个省份人民币贷款余额平均值约为4.91万亿元，中位数约为3.93万亿元，标准差约为3.90，变异系数约为0.79，数据离散程度较高，不同省份的人民币贷款余额差异较大，且大部分省份的人民币贷款余额处于5万亿元以下。

（3）金融业GDP占比

金融业GDP占比是指区域内金融行业实现的GDP占区域总GDP的比

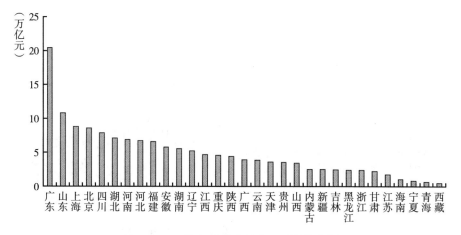

图 10　2021 年全国各省份人民币贷款余额

资料来源：Wind 数据库。

重，包括金融从业人员报酬、固定资产折旧、生产税净额以及金融机构营业盈余等项目，金融业 GDP 占比可衡量金融业对经济增长的贡献度。金融业 GDP 占比作为正向指标，其数值越高，反映金融业在区域经济中的地位越高，金融业发展越成熟。

如图 11 所示，2021 年全国 31 个省份金融业 GDP 占比最大的是北京，为 18.88%。排名前三的省份分别是北京、上海和天津。金融业 GDP 占比最小的省份是内蒙古，为 4.38%。全国 31 个省份金融业 GDP 占比平均值约为 8%，中位数约为 7.14%，标准差约为 0.03，变异系数约为 0.42，大部分省份数据离散程度不高，金融业 GDP 占比差异较小。

（4）金融机构总资产

金融机构总资产是指金融机构资产负债表中所有借方余额合计，包括固定资产、放款业务、投资业务，以及其他资产业务余额，金融机构总资产可衡量金融机构拥有实际价值的资产金额。金融机构总资产作为正向指标，其数值越高，反映区域金融所拥有的或所控制的经济资源总额越大。

如图 12 所示，2021 年全国 31 个省份金融机构总资产最大的是广

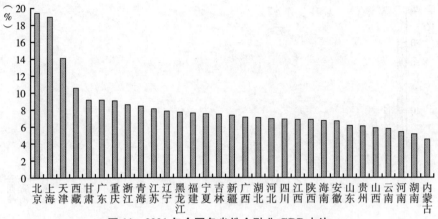

图 11　2021 年全国各省份金融业 GDP 占比

资料来源：国家统计局。

东，为 320441 亿元。排名前三的省份分别是广东、北京和江苏。金融机构总资产最小的省份是海南，为 4365.70 亿元。全国 31 个省份金融机构总资产平均值约为 96247.74 亿元，中位数约为 69255 亿元，标准差约为83327.95，变异系数约为 0.87，数据离散程度较高，不同省份的金融机构总资产差异较大，大部分省份的金融机构总资产处于 10 万亿元以下。

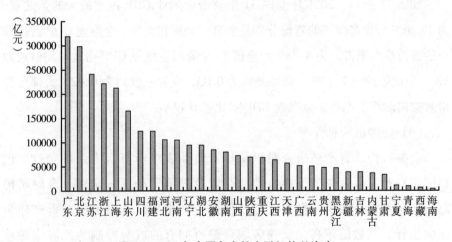

图 12　2021 年全国各省份金融机构总资产

资料来源：Wind 数据库。

4. 金融体系发展效率分析

（1）直接融资占比

直接融资占比是指区域直接融资总额占融资总额的比重，直接融资包括商业票据和直接借贷凭证、股票、债券等内容，直接融资占比可衡量资金供给者直接向资金需求者提供融资的金额占总融资金额的比重。直接融资占比作为正向指标，其数值越高，表明分散过度集中于银行的金融风险的作用越强，越有利于金融和经济的平稳运行。

如图 13 所示，2021 年全国 31 个省份直接融资占比最大的是北京，为39.58%。排名前三的省份分别是北京、江苏和浙江。直接融资占比最小的省份是辽宁，为 -46.96%①。全国 31 个省份直接融资占比的平均值约为5.20%，中位数约为 6.79%，标准差约为 0.18，变异系数约为 3.53，数据离散程度较高，不同省份的直接融资占比差异较大，且大部分省份的直接融资占比处于 10%以下。

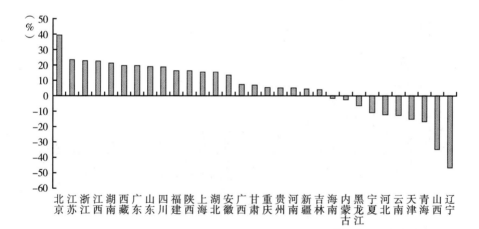

图 13　2021 年全国各省份直接融资占比

资料来源：Wind 数据库。

---

① 由于部分地区的企业债券融资规模为负值，因此其直接融资占比数值为负。

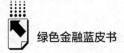
（2）金融业劳动生产率

金融业劳动生产率是指金融机构从业者在一定时期内创造的劳动成果与其相适应的劳动消耗量的比值，金融业劳动生产率可衡量在单位时间内生产金融服务的价值，是区域金融服务技术水平、经营管理水平的综合表现。金融业劳动生产率作为正向指标，其数值越高，表示金融业效率越高。

如图14所示，2021年全国31个省份金融业劳动生产率最大的是新疆，为11.18万元/人。排名前三的省份分别是新疆、上海、北京，由于新疆较其他省份金融业GDP差距小于从业人数差距，因此排名第一。金融业劳动生产率最低的省份是西藏，为0.32万元/人。全国31个省份金融业劳动生产率的平均值约为2.40万元/人，中位数约为1.75万元/人，标准差约为0.02，变异系数约为0.9，大部分省份的金融业劳动生产率处于2万元/人以下。

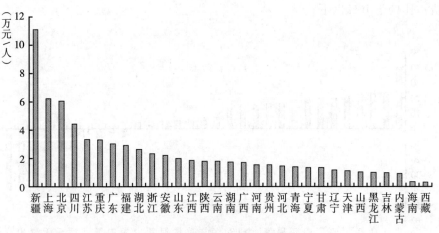

图14 2021年全国各省份金融业劳动生产率

资料来源：Wind数据库。

5. 金融体系发展功能分析

（1）金融服务覆盖率

金融服务覆盖率是指一省内每万人平均拥有的金融机构网点数，金融服务覆盖率是衡量当地居民金融服务获得性和普惠性的重要指标。金融服务覆盖率作为正向指标，其数值越高，表示金融体系的功能越强，发展越完善。

如图 15 所示，2021 年全国 31 个省份金融服务覆盖率最高的是内蒙古，为 228.17 家/万人。排名前三的省份分别是内蒙古、吉林、辽宁。金融服务覆盖率最低的省份是云南，为 122.49 家/万人。全国 31 个省份金融服务覆盖率的平均值约为 170.34 家/万人，中位数约为 160.84 家/万人，标准差约为 0.32，变异系数约为 0.19，数据离散程度较低，不同省份的金融服务覆盖率差异较小，且大部分省份的金融服务覆盖率在 200 家/万人以下。

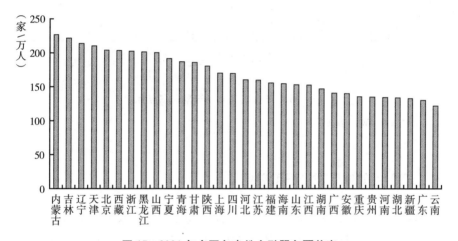

图 15　2021 年全国各省份金融服务覆盖率

资料来源：Wind 数据库。

（2）金融服务使用率

金融服务使用率是指一省人均新增人民币贷款额与人均 GDP 的比值，金融服务使用率用于衡量当地居民使用金融服务的便利程度。金融服务使用率作为正向指标，其数值越高，表示金融体系的功能越强，发展越完善。

如图 16 所示，2021 年全国 31 个省份金融服务使用率最高的是浙江，为 84.99%。排名前三的省份分别是浙江、上海和广东。金融服务使用率最低的省份是青海，为 16.26%。全国 31 个省份金融服务使用率的平均值约为 44.70%，中位数约为 45.63%，标准差约为 0.14，变异系数约为 0.31，数

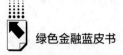

据离散程度不高，大部分省份的金融服务使用率差异较小，金融服务使用率大多处于50%以下。

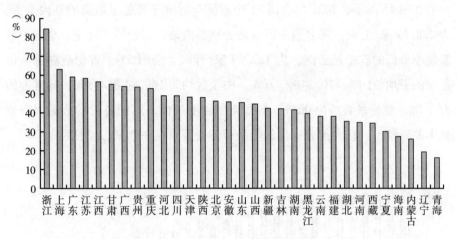

图16 2021年全国各省份金融服务使用率

资料来源：Wind 数据库。

（三）金融体系发展程度总结

如表4所示，根据2021年全国31个省份金融体系发展程度总得分，排名前三的省份分别是北京、上海和浙江，排名后三的省份分别是宁夏、青海和海南。金融体系发展程度总体呈现东部省份高于中部、西部省份，沿海省份普遍高于内陆省份的特征。全国31个省份的总分排名可分为三个梯队：第一梯队是排名前11的省份，包括北京、上海、浙江、广州等经济强省，该梯队的金融机构总资产、人民币贷款余额、社会融资规模等指标显著高于其余省份；第二梯队是排名处于中部10位的省份，包括甘肃、天津、江西等省份，该梯队的金融体系发展规模、发展效率等分项指标表现有强有弱，总体金融体系发展程度不低；第三梯队是排名处于后10位的省份，包括贵州、山西、黑龙江等省份，该梯队的金融基础设施等条件较为落后，主要依靠第一、第二产业发展地区经济，总体金融体系发展程度较低。

表4　全国各省份金融体系发展程度得分及排名

省份	社会融资规模	人民币贷款余额	金融业GDP占比	金融机构总资产	直接融资占比	金融业劳动生产率	金融服务覆盖率	金融服务使用率	总分
北京	93.60	76.48	100.00	98.44	81.89	82.89	82.66	63.31	84.91
上海	92.14	77.20	98.42	90.51	85.74	83.68	53.25	82.26	82.90
浙江	99.21	42.27	44.39	91.51	82.95	55.71	81.82	100.00	74.73
广东	99.92	100.00	48.46	100.00	84.59	63.18	10.70	78.30	73.14
四川	93.58	74.18	29.30	77.81	84.97	74.10	52.85	66.95	69.22
江苏	100.00	33.84	40.16	93.48	76.35	65.97	43.38	77.59	66.35
福建	91.68	69.28	36.11	77.77	86.83	62.34	39.15	51.79	64.37
山东	96.30	82.75	20.90	84.71	78.37	51.37	36.25	62.40	64.13
重庆	88.87	59.54	47.90	64.15	93.22	65.74	16.91	71.64	63.50
陕西	88.57	58.40	28.74	64.34	89.49	48.56	62.93	65.82	63.36
吉林	83.73	42.60	34.83	50.62	100.20	31.86	96.19	57.95	62.25
甘肃	82.34	40.18	48.52	47.45	93.43	40.16	68.04	74.09	61.78
天津	82.98	52.91	78.14	59.77	23.05	35.34	87.81	65.97	60.75
江西	90.35	60.07	28.77	62.47	80.02	49.41	35.96	75.49	60.32
新疆	85.73	43.04	33.48	50.84	95.17	100.00	14.00	58.10	60.04
安徽	91.46	65.82	26.71	69.04	87.25	54.56	22.18	62.92	59.99
湖北	90.73	71.52	30.75	71.58	82.30	59.26	14.82	47.40	58.54
广西	88.58	55.28	31.19	57.55	90.96	47.03	22.91	72.83	58.29
湖南	91.70	64.77	8.62	67.61	90.42	47.68	30.04	57.05	57.24
河南	90.77	70.68	12.63	74.04	93.57	44.46	15.45	46.51	56.01
河北	89.89	69.97	29.56	74.31	30.16	42.80	43.81	67.05	55.94
贵州	86.59	52.76	20.54	55.70	97.43	44.11	16.42	72.35	55.74
山西	83.77	51.52	17.84	65.45	28.05	32.77	80.06	61.31	52.60
黑龙江	80.26	42.27	36.63	55.33	15.68	32.12	80.63	54.11	49.63
西藏	71.80	0.00	58.28	8.73	89.72	0.00	82.29	45.72	44.57
内蒙古	82.33	43.04	0.00	49.54	21.68	30.23	100.00	28.79	44.45
辽宁	0.00	63.12	37.95	71.66	34.85	36.39	90.30	10.30	43.15
云南	86.02	54.80	16.72	57.27	24.28	48.45	0.00	51.96	42.44
宁夏	69.58	13.18	35.23	21.23	17.74	40.50	72.95	37.58	38.50
青海	68.14	7.79	43.07	18.69	3.48	41.68	68.77	0.00	31.45
海南	74.98	19.81	27.33	0.00	0.10	0.98	37.84	32.01	24.13

B.3
地方绿色金融政策推动评价报告[*]

任玉洁　万秋旭　汪洵[**]

摘　要： 本报告在 2020 年地方绿色金融发展指标体系的基础上，对相关指标数据的收集、选取进行完善，从省级绿色金融政策推动情况、市级绿色金融政策推动情况、绿色金融激励政策出台情况、绿色金融配套机制落实情况、绿色金融配套能力建设情况、地方政府财政支出与资金投入情况等方面评估地方绿色金融政策推动状况。总体上看，在 2021 年评价周期内，全国 31 个省份均已发布绿色金融相关政策，其中北京、浙江、广东、江苏等经济较为发达省份在政策机制创新方面较为领先。一般来说，金融基础位居前列的地区，地方绿色金融生态水平较高。

关键词： 绿色金融政策　绿色金融激励措施　绿色金融配套设施

一　省级绿色金融政策推动情况

（一）地方绿色金融总体政策体系构建

我国自 2016 年全面开展"构建绿色金融体系"的系统工作以来，目前

---

[*] 本报告如无特殊说明，数据均来源于中央财经大学绿色金融国际研究院所建设的地方绿色金融数据库。本报告评价方法详细可参见本书技术报告。

[**] 任玉洁，中央财经大学绿色金融国际研究院绿色金融研究中心主任，长三角绿色价值投资研究院院长助理，研究方向为生态文明建设、绿色金融、生态产品价值实现；万秋旭，中央财经大学绿色金融国际研究院研究员，研究方向为地方绿色金融、绿色产业；汪洵，中央财经大学绿色金融国际研究院研究员，研究方向为绿色金融、绿色产业。

已成为全球绿色金融政策体系较为完备的国家之一。2020年9月，习近平在第七十五届联合国大会一般性辩论上提出"二氧化碳排放力争于2030年前达到峰值，努力争取2060年前实现碳中和"的战略目标（本报告简称"双碳"目标）后，服务"双碳"目标深刻内嵌于绿色金融发展要求，也指导地方绿色金融发展向纵深推进。本部分将对各省份绿色金融政策的总体进展进行分析。

在生态文明理念的指导下，各省份政府部门意识到传统高碳排高耗能的生产与发展模式与当前可持续发展理念相违背，对我国自然资源可持续利用和生态环境保护工作造成巨大压力，我国经济逐渐从高速增长向高质量发展转变，"双碳"目标提出后我国经济高质量发展的内在要求进一步明确，各省份陆续出台一系列绿色发展顶层设计，绿色金融相关指导文件成为重要支撑，以建立健全绿色金融体系，充分发挥绿色金融对经济可持续发展、国家能源安全与生态环境保护的积极作用，促进我国"双碳"目标的实现。根据中央财经大学绿色金融国际研究院收集整理的各省政府网站"十四五"规划、综合及专项文件，截至2021年12月31日，全国31个省份累计发布绿色金融政策153项。

从数量来看，政策发布最多的3个省份为江西、天津、贵州。其中，江西构建具有江西特色的立体化绿色金融发展体系，推动形成有利于绿色金融发展的相关政策，明确转型路线图、时间表，并注重与生态规划、产业规划及科技规划的衔接；天津已从健全绿色金融组织体系、加快绿色产品和服务创新、协同推进环境权益交易、完善绿色金融风险防控机制等方面发布绿色金融支持政策，促进绿色金融协同发展；贵州主要从用能权有偿使用和交易、能效信贷创新、传统金融工具绿色化转型等方面做出部署。江苏以10项绿色金融相关指导文件位居第四（见图1）。

从分类来看，地方绿色金融相关政策主要包括综合指导文件、专项指导文件两类。综合指导文件主要包括发展绿色金融的针对性指导意见、构建地方绿色金融体系的实施办法、加快建立健全绿色低碳循环发展经济体系的实施意见等；专项指导文件包括各类省级政府部门发布的与绿色信贷、绿色债

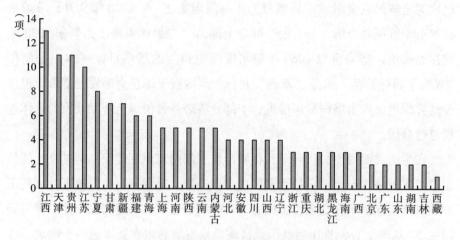

图1　全国各省份绿色金融政策发布数量
（截至2021年12月）

资料来源：根据公开资料整理。

券、绿色保险、绿色信托、绿色基金等绿色金融工具相关，以及与环境权益市场相关的政策支持文件。在本评价周期内，共收集省级"十四五"规划文件31项、省级综合指导文件28项、省级专项指导文件94项（各类型政策占比见图2），大部分地区已实现顶层绿色金融设计与绿色金融细化指导充分结合，在全国绿色金融政策体系框架下出台了系统化、特色化的地方绿色金融政策。

从地方绿色金融发展指数排名形成的梯队来看，第一梯队省份的文件发布数量较为靠前，其中江苏、贵州的文件发布数量较多。第二、第三梯队省份发布的文件数量差异较大，其中天津2021年政策发布速度明显提升，绿色金融后发态势初步显现。

（二）"十四五"地方绿色金融发展规划

"十四五"时期是我国全面建成小康社会、实现第一个百年奋斗目标后，开启全面建设社会主义现代化国家新征程、向第二个百年奋斗目标进军的首个五年，具有里程碑意义。2021年是"十四五"的开局之年，

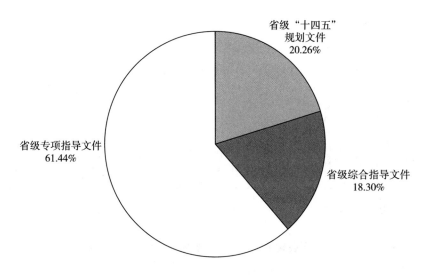

图 2　全国各省份绿色金融政策发布类型
（截至 2021 年 12 月）

资料来源：根据公开资料整理。

截至 2021 年底，我国 31 个省份均已发布《国民经济和社会发展第十四个五年规划和 2035 年远景目标纲要》，其中 27 个省份提及绿色金融相关内容（见图 3），部分省份如甘肃、四川、青海、西藏虽未直接提及绿色金融，但绿色化、低碳化的主旨也已融入各项重点工作。本部分将对各省份"十四五"规划中绿色金融的相关要求进行分析。

从各省份"十四五"规划中是否对绿色金融进行部署来看，第一梯队中除四川未直接提及绿色金融外，多数省份在既有绿色金融基础之上，对下一阶段的绿色金融发展做出部署。同时，第一梯队省份在"十四五"阶段对绿色金融的目标定位也更为明确，主要针对省内区位优势激活、产业结构优化、复合金融联动、服务产品创新、绿色领域拓宽等进行精准规划，寻找新着力点，持续深化绿色金融改革。第二梯队省份除甘肃外，其余省份均在"十四五"规划中对绿色金融有所部署并计划扩大应用实践，但多停留在顶层设计层面。由于"十三五"时期第二梯队省份主要属于绿色金融后

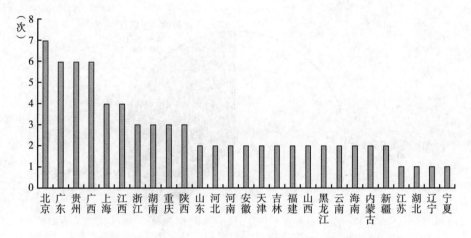

图3 全国各省份"十四五"规划中绿色金融提及次数

资料来源：根据公开资料整理。

发地区，相比于第一梯队省份，其绿色金融政策体系建设虽已有一定积累，但文件发布数量有限、种类单一，绿色金融深度不足，进入"十四五"时期，第二梯队省份更加注重从系统化视角加强绿色金融顶层引领，提出了覆盖绿色金融市场、产品与配套设施的顶层设计框架。第三梯队省份在"十四五"规划中对绿色金融的关注度有所上升，但部分省份仍未开展绿色金融布局。具体来看，广西虽总体排名处于第三梯队，但其在政策方面表现相对突出，已在"十四五"规划中将"积极发展绿色金融"作为"推动绿色低碳发展"的专章内容。青海、西藏虽未对绿色金融开展系统性规划部署，但在某些部门及产业的发展部署中提及要通过绿色信贷、绿色债券等金融产品健全绿色发展机制。

从涉及领域来看，各省份在"十四五"规划中对绿色金融的相关部署多集中于区域绿色金融中心建设、绿色金融相关试验区探索、绿色金融法规标准完善、金融联动发展、绿色金融产品创新、环境权益市场试点以及重点产业支持等方面，并与能源转型、乡村振兴、气候投融资等重点议题挂钩（见表1）。

表1 全国各省份"十四五"规划中与绿色金融相关内容

省份	相关内容
北京	创建绿色金融改革创新试验区。加快发展循环经济,率先建成资源循环利用体系。深入推进国家生态文明建设示范区和"两山"实践创新基地创建
上海	积极发展绿色金融,充分发挥国家绿色发展基金示范作用,促进长江经济带沿线绿色发展。丰富绿色金融产品,鼓励绿色基金、绿色信贷、绿色债券、绿色保险等金融创新。支持长三角生态绿色一体化发展示范区申建绿色金融改革创新试验区,积极参与国际绿色金融标准制定
广东	实施"金融+生态"工程。创新绿色金融模式,探索建立粤港澳大湾区绿色金融标准体系
江苏	大力发展绿色信贷、绿色融资担保、绿色债券、绿色保险,支持创建国家绿色金融改革创新试验区
山东	发展绿色金融,探索建设山东省绿色技术银行,支持威海创建国家绿色金融改革创新试验区。制定碳达峰行动方案,开展低碳城市、低碳社区试点和近零碳排放区示范,支持青岛西海岸新区开展气候投融资试点
河北	深化金融供给侧结构性改革,推进金融产品和服务创新,鼓励发展科技金融、绿色金融、消费金融、信用贷款等。加快绿色金融产品创新,探索设立绿色发展子基金,鼓励符合条件的企业或机构发行绿色债券
河南	大力发展普惠金融、绿色金融、科技金融,建设郑州、洛阳私募基金集聚区。完善绿色技术创新体系,积极发展绿色金融产品,逐步推开绿色产品第三方认证
浙江	深化区域金融改革,大力发展科创金融、普惠金融、绿色金融和数字金融。探索建立生态信用行为与金融信贷相挂钩的激励机制。推进自然资源资产产权制度改革
湖南	发展绿色金融,推进绿色技术创新,培育壮大环保产业。全面建立资源高效利用制度,健全自然资源资产产权制度
安徽	完善绿色发展的法规政策体系,实施有利于推动绿色发展的价格、财税、投资等政策,发展绿色金融
天津	大力发展科技金融、航运金融、绿色金融和普惠金融。积极发展绿色金融,加快推动市场导向的绿色技术创新,发展壮大节能环保、清洁能源等绿色产业
重庆	深化绿色金融改革创新,建设绿色金融改革创新试验区。在生态产品价值实现、生态保护和补偿、绿色金融等方面先行先试
吉林	大力发展农村金融、制造业金融、科技金融、文化金融、绿色金融等产业特色金融,规范发展供应链金融。建立生态产品价值实现机制,发展绿色金融。实施清洁能源替代行动
甘肃	加强生态产业项目储备和动态调整,用好绿色生态产业发展基金,着力提升生态产业科技含量,打造生态产业品牌

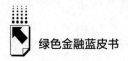

续表

省份	相关内容
江西	大力发展绿色金融、普惠金融、科技金融、产业链金融、开放(型)金融五大特色金融。加快建设赣江新区绿色金融改革试验区。深化绿色金融改革,构建绿色金融服务体系
湖北	加快发展绿色金融,支持绿色技术创新,着力打造中部绿色技术创新引领区
福建	完善绿色金融支持保障机制,健全绿色信贷风险补偿机制,鼓励社会资本设立绿色发展产业基金、参与绿色项目建设,推进省级绿色金融改革试验区建设
四川	大力发展科技、绿色、供应链等特色金融,打造金融科技发展高地。创建全国绿色发展示范区
山西	开展近零碳排放、气候投融资等各类试点示范。完善绿色金融服务体系,加快大同绿色金融改革创新试验区建设,适时推动碳税改革试点
辽宁	引导金融资源向绿色发展领域倾斜,完善绿色金融产品和市场体系
陕西	鼓励金融产品创新,发展科技金融、普惠金融、绿色金融、跨境金融。鼓励金融机构创新绿色金融产品和服务,支持在陕金融机构成立绿色金融事业部或绿色银行,发展绿色信贷、绿色保险、绿色债券、绿色基金等,支持非金融企业发行绿色债券
黑龙江	加强普惠金融和绿色金融体系建设,发展政府性融资担保机构,加大对实体经济、中小微企业支持力度。加快发展绿色金融和绿色技术创新,推动节能环保、清洁能源等绿色环保产业成为新支柱产业
青海	构建高效安全、绿色普惠、开放创新的现代金融服务体系。运用绿色信贷、绿色债券、绿色担保等支持绿色产业发展,发展环境污染责任保险。推进"两山"实践创新基地建设
贵州	大力发展绿色金融、普惠金融、科技金融。积极创新绿色金融产品和服务,建好贵安新区绿色金融改革创新试验区,探索建设西部绿色金融中心。推动绿色农业、环保产业、绿色建材、绿色包装、绿色物流、绿色金融等绿色生态产业加快发展
云南	发展绿色金融,加快构建绿色金融体系,引导金融和实体经济开展绿色投融资活动
海南	推动发展贸易金融、消费金融、绿色金融、科技金融等特色金融业务。开发生态贷款等绿色金融产品,实现"生态+金融"的生态产品价值
宁夏	大力发展科技金融、绿色金融、普惠金融。支持中小金融机构稳健发展、防范风险,加大对科技创新、小微企业、绿色发展的金融支持
广西	深化绿色金融体制机制改革,构建完善绿色金融体系。开展绿色金融改革创新试点,探索开展碳金融业务,拓宽企业绿色融资渠道
内蒙古	开展绿色金融改革创新试点,支持设立区域性绿色发展基金。打造符合转型方向的现代能源金融,发展生态友好的绿色金融,推进激励创新和转型升级的科技金融

省份	相关内容
新疆	大力发展绿色金融,提升金融服务实体经济的能力。加快绿色金融、绿色贸易、绿色流通等服务体系建设,健全绿色发展政策法规体系
西藏	坚持生态优先、绿色发展,健全绿色发展机制,全面提高资源利用效率

资料来源:各省份《国民经济和社会发展第十四个五年规划和2035年远景目标纲要》,中央财经大学绿色金融国际研究院整理。

在区域绿色金融建设方面,包括上海、广东、贵州等在内的省份在"十四五"规划中围绕地理区位优势与经济区域,提出区域绿色金融建设规划。上海提出"促进长江经济带沿线绿色发展",广东探索"建立粤港澳大湾区绿色金融标准体系",贵州强调"探索建设西部绿色金融中心"。

在绿色金融相关试验区探索方面,除已有绿色金融改革创新试验区外,有多个省份提到将大力支持创建绿色金融试验区,如上海将支持长三角生态绿色一体化发展示范区申建绿色金融改革创新试验区,山东将支持威海创建国家绿色金融改革创新试验区,山西也将加快大同绿色金融改革创新试验区建设。同时,山东、北京、山西等多省份也提及围绕其他绿色相关试点加紧工作部署,试点内容涵盖生态文明建设示范、气候投融资试点、近零碳排放试点示范、绿色发展示范等。

在绿色金融法规标准完善方面,安徽、广东和新疆等地均明确要健全绿色发展政策法规体系。

在金融联动发展方面,多数省份聚焦绿色金融、普惠金融、科技金融、供应链金融,推进金融体系协同建设,加快创新联动。例如,江西拟建立绿色金融、普惠金融、科技金融、产业链金融、开放(型)金融五大特色金融发展体系;浙江将发挥小微企业与科技互联网企业集聚的区位优势,融合发展科创金融、普惠金融、绿色金融和数字金融;宁夏将推动科技金融、绿色金融、普惠金融发展,加强对科技创新、小微企业、绿色发展的金融支持。

在绿色金融产品创新上,拓展绿色投融资成为重要内容,各省份以丰富绿色金融产品与市场为重要抓手,更加注重绿色金融的实际应用效果。值得

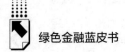
关注的是，除了当前发展较为成熟的绿色信贷、绿色债券外，更多地区表现出对其他绿色金融产品的关注，如福建提出"鼓励社会资本设立绿色发展产业基金"，江苏鼓励大力发展绿色融资担保，广西支持"探索开展碳金融业务"。此外，山东、湖南、浙江等多省份均关注科技，并尝试引入科技赋能绿色金融数字化高效发展。

在环境权益市场试点上，结合"双碳"目标，5个省份积极争取扩大省内纳入全国碳排放权交易市场的主体范围与交易体量，并加快环境权益交易市场机制的完善。例如，广东鼓励支持排污权、水权、用能权等环境权益交易产品创新；浙江详细规划建立并完善自然资源产权体系，并探索建立生态信用行为与金融信贷相挂钩的激励机制，推进自然资源资产产权制度改革；江苏将研究制定重点行业单位产品的温室气体排放标准；天津和海南提出将深化当地碳排放权交易试点市场建设。此外，部分省份提出尝试利用"碳税"来助力"双碳"目标的达成，如山西提出将适时推动碳税改革试点。

在绿色金融重点支持产业方面，贵州力促绿色金融支持农业、环保、建材、物流、包装等产业绿色化发展；天津、黑龙江等聚焦节能环保、清洁能源等绿色产业壮大；浙江、湖南、重庆因地制宜地探索生态产品价值实现及生态补偿，夯实生态资源向资本转化的基础。

（三）省级绿色金融政策指导

在中央绿色金融顶层设计的指引下，全国各地区根据自身发展特点、产业布局、资源优势以及经济绿色转型需求，制定绿色金融相关政策，引导各地区发展富有特色的绿色金融。省级绿色金融政策的制定和实施是地方推进绿色金融发展的直接体现。本部分将从综合指导文件、专项指导文件、政府专题会议等维度，对各省份截至2021年底的绿色金融政策展开梳理分析。

从政策发布时间来看，早在2010年，地方政府就开始发布绿色金融相关政策。2010年8月，青海省金融办发布《关于支持绿色金融发展的实施意见》，提出重点发展绿色金融，发挥绿色金融的支撑、推动、引导、监督和调节作用,不断引导省内产业结构调整升级。2016 年《关于构建绿色金融体系的指导意见》发布以后,省级绿色金融政策发布数量快速增长。2016 年,贵州发布《关于加快绿色金融发展的实施意见》,积极推动绿色金融创新,研究出台贵州建立绿色金融制度体系的办法;山西发布《关于推动山西绿色金融发展的指导意见》,从债券、信贷、保险等多领域提出 9 项重点任务,为山西绿色金融发展指明方向。2017~2018 年,各省份响应号召,出台省级综合指导文件、专项指导文件 40 余项。2021 年,随着"双碳"目标的提出,各省份继续完善绿色金融体系建设,健全绿色金融政策框架和激励机制,出台综合指导文件、专项指导文件 33 项,当年政策数量占比达到 2010 年起省级绿色金融文件出台总量的 21.57%(见图 4)。

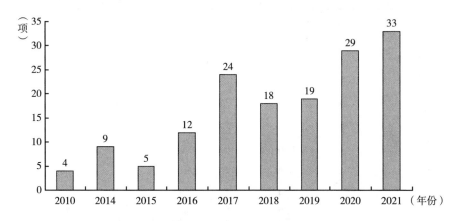

图 4 全国各省份绿色金融政策发布数量

资料来源:根据公开资料整理。

1. 综合指导文件

综合指导文件主要从宏观层面对省内绿色金融体系建设做出顶层设计,并对部分绿色金融细分领域的发展做出指导。截至 2021 年底,除辽宁、山东和西藏之外,全国 28 个省份均已发布省级绿色金融综合指导文件(见表 2)。2016 年《关于构建绿色金融体系的指导意见》出台后,多地绿色金融综合指导文件也快速出台。2017 年,包括北京、天津等在内的 6 个省份发布绿色金融相关综合指导文件（见图5）。此后，每年陆续有省份出台或更新绿色金融相关规划。

表2 省级绿色金融综合指导文件发布情况

发布年份	发布数量（项）	发布省份
2010	1	青海
2016	3	安徽、山西、贵州
2017	6	北京、天津、重庆、江西、内蒙古、新疆
2018	4	广东、甘肃、海南、浙江
2019	2	吉林、广西
2020	1	河北
2021	11	上海、江苏、河南、湖南、四川、湖北、福建、陕西、黑龙江、云南、宁夏

资料来源：根据公开资料整理。

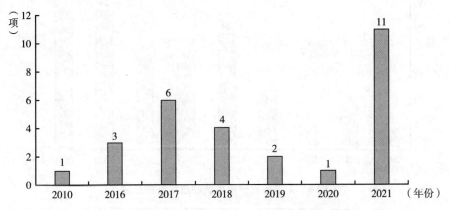

图5 全国各省份绿色金融综合指导文件发布数量

资料来源：根据公开资料整理。

从绿色金融综合指导文件发布数量的梯队分布来看，第一梯队省份综合指导文件的发布时间普遍较早，自2016年起加快布局。其中，北京、江西、广东、新疆4个省份在2018年之前已从省级层面对绿色金融发展出台综合文件进行指导。第二、第三梯队省份表现差异不大，主要是在2021年加快了绿色金融领域的规划进程。

从文件类型来看，综合指导文件主要分为以下几类：一是重在激活产品活力，围绕绿色金融产品创新及推广制定具体目标与重点任务；二是针对省内绿色金融服务绿色低碳循环发展经济体系或"双碳目标"做出实施路径的指导，突出绿色金融支持产业发展，以山东与湖南为代表；三是针对银行业等金融机构提出绿色金融应用指导，更多的是基于绿色金融业务规范、创新等相关内容，如广东、湖北及福建等。

从具体内容来看，绿色金融政策体现了与地方社会经济优势特色、产业机构、金融基础等的融合。广东提出要持续增强对粤港澳大湾区、珠三角核心带的绿色金融辐射作用，提高金融服务沿海经济带绿色产业发展的能力，并开展省级绿色普惠金融创新试点。甘肃提出通过金融、财政、环保等政策和相关规章制度的配套支持，逐步形成多层次、多元化的绿色金融产品、服务和政策支撑体系。黑龙江积极引导绿色金融发展，针对绿色农业等重要领域加快绿色信贷、绿色保险与环境权益市场方面的创新。

2. 专项指导文件

专项指导文件主要是指各类省级政府部门发布的与绿色信贷、绿色债券、绿色保险、绿色信托、绿色基金、环境权益市场相关的具体支持文件。

截至 2021 年 12 月末，全国 27 个省份累计发布绿色金融专项指导文件94 项，其中天津、贵州和江西的数量最多，达 9 项（见图 6）。

从各省份发布专项指导文件数量的梯队分布来看，第一、第二梯队数量差异不大，部分第二梯队省份甚至超过第一梯队省份，排名前列，反映出第二梯队省份对绿色金融市场实践的重视程度。

从文件类型来看，文件主要集中在绿色信贷、绿色债券、绿色保险、环境权益交易等领域。其中，针对环境权益交易与绿色债券提出建议的专项指导文件较多，分别为 32 项和 30 项，与支持绿色信贷发展相关的文件为 23项，与绿色保险相关的文件为 9 项（见图 7）。

3. 政府专题会议

召开政府专题会议是地方政府贯彻绿色金融政策的重要手段，对于推动工作部署、加强实践指导有积极意义，同时也传递出更加鲜明的政策导向

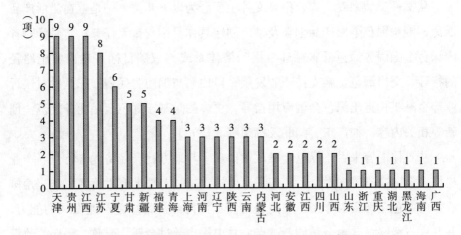

图6　全国各省份绿色金融专项指导文件发布数量

资料来源：根据公开资料整理。

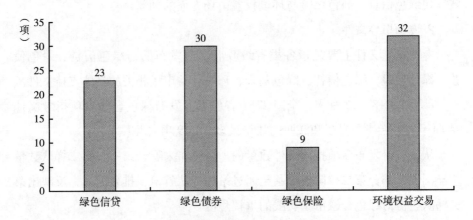

图7　全国各省份绿色金融专项指导文件涉及内容

资料来源：根据公开资料整理。

信号。

　　截至2021年底，从公开可查阅资料来看，全国共召开绿色金融相关政府专题会议48次（见图8），内容主要围绕建设绿色金融改革创新试验区、推动经济绿色低碳发展、增强绿色金融应用指导等工作。

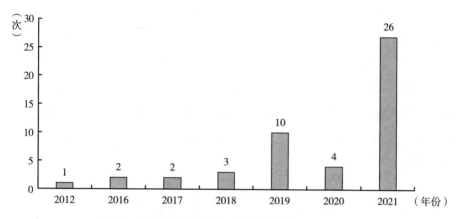

图8 全国各省份绿色金融相关政府专题会议数量

资料来源：根据公开资料整理。

从各省份政府专题会议召开数量的梯队分布来看，全国共有 22 个省份召开过绿色金融相关政府专题会议。其中，第一梯队省份政府专题会议的召开频率明显高于其他省份，绿色金融改革创新试验区所在省份的召开次数更为领先（见图9）。

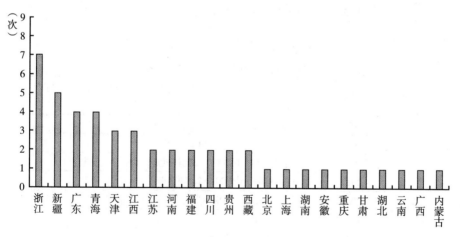

图9 全国各省份绿色金融相关政府专题会议召开数量

资料来源：根据公开资料整理。

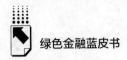

从召开内容来看，2021年多地召开绿色金融工作推进会，聚焦服务"双碳"目标（见表3）。湖北召开省政府常务会议，提出加快绿色转型，补齐短板，将碳达峰、碳中和加入经济发展相关部署，建设碳交易平台，不断加强碳交易核查、认证，鼓励发展碳金融，争取让低碳产业实现跨越式发展。新疆召开"碳中和、碳达峰"座谈会，对"双碳"目标的实现进行工作部署；贵州召开绿色金融专题会议，就促进绿色金融改革创新试验区发展开展讨论。

表3　全国部分省份绿色金融相关政府专题会议召开情况

省份	召开年份	会议名称
北京	2019	北京绿色金融工作会
上海	2021	上海市政府常务会议
广东	2018	绿色金融改革创新工作领导小组第一次会议
	2019	加快发展绿色金融工作推进会
	2019	绿色金融工作推进会
	2021	人民银行广州分行2021年广东绿色金融工作推进会
江苏	2019	发展绿色金融服务乡村振兴现场会
	2021	普惠金融和绿色金融工作推进会
河南	2012	河南银行业绿色信贷工作会议
	2019	河南省财政厅推进企业绿色发展座谈会
浙江	2017	浙江绿色金融改革创新试验区建设动员部署会
	2019	绿色金融改革创新试验区第一次联席会议
	2019	政府金融支持民营企业高质量发展暨绿色金融改革创新试验区建设推进会
	2020	中国绿色金融改革创新研讨会
	2020	长三角绿色金融信息管理系统专题会议
	2021	"聚焦碳达峰碳中和目标　加快发展绿色金融"推进会
	2021	长三角地方金融监管局局长圆桌会议
湖南	2021	财政金融研究部"助推我省发展绿色金融"座谈会
安徽	2021	安徽省委常委会会议
天津	2021	金融局绿色信贷专题研讨会
	2021	市委市政府专题会议
	2021	金融科技助力绿色金融研讨会
重庆	2016	重庆生态环境损害赔偿制度试点会议

省份	召开年份	会议名称
甘肃	2021	甘肃省碳达峰碳中和与绿色金融发展战略研讨会
江西	2019	江西省绿色金融行业自律机制2019年第一次会议
	2019	全力推进绿色金融改革创新试验区建设
	2020	"江西省发展绿色金融 推动绿色经济高质量发展"座谈会
湖北	2021	湖北省政府常务会议
福建	2019	发展绿色金融服务乡村振兴现场会
	2021	全省普惠金融和绿色金融工作推进会
四川	2017	全省绿色金融改革创新试验区建设动员部署电视电话会议
	2021	生态环境厅绿色金融债券工作座谈会
青海	2016	全省银行业绿色信贷发展成果展示会
	2021	省生态环境厅组织碳排放权交易配额管理工作座谈会
	2021	2021年青海银行业保险业绿色金融座谈会
	2021	省发展改革委昆仑大讲堂碳达峰碳中和讲座
贵州	2018	省政府金融办绿色金融服务实体经济发展培训会
	2021	省地方金融监管局绿色金融专题会议
云南	2021	省政府党组(扩大)会议
广西	2021	红树林资源保护工作专题会议
内蒙古	2020	鄂尔多斯市市政府金融办绿色金融试点工作座谈会
新疆	2018	自治区绿色金融改革创新试验区工作领导小组会议
	2021	自治区工信厅"碳中和、碳达峰"座谈会
	2021	自治区发展改革委碳达峰工作电视电话会议
	2021	自治区碳达峰碳中和能力建设专题培训
	2021	自治区碳达峰碳中和工作领导小组第一次会议
西藏	2021	西藏自治区人民政府第十一届第63次常务会议
	2021	自治区政府常务会议

资料来源：根据公开资料整理。

（四）国家绿色金融改革创新试验区①

2017年6月，国务院批准五省八地建立绿色金融改革创新试验区，先

---

① 2022年8月新增重庆，本报告中所说六省九地的统计时间截至2021年12月31日。

行开展绿色金融试点，下发各试验区总体方案进行实践指导，探索可复制、可推广的经验。试点地区分别为贵州省贵安新区，浙江省衢州市、湖州市，江西省赣江新区，广东省广州市花都区，新疆维吾尔自治区昌吉州、哈密市、克拉玛依市。首批绿色金融改革创新试验区涵盖了经济和生态基础良好的东部沿海地区、经济相对落后但是生态资源优势突出的中西部内陆地区以及经济相对落后且生态环境相对脆弱的边疆地区，具有典型的示范意义。2019 年 12 月，国务院追加兰州新区为绿色金融改革创新试验区，同步印发兰州新区实施方案。兰州新区作为丝绸之路经济带和欧亚大陆桥的重要连接点，可为西部地区高质量发展和西部欠发达地区及生态脆弱地区的绿色金融创新发展提供宝贵的经验。由于试验区在经济发展水平、产业结构、资源禀赋、自然环境等方面均存在一定差异，不同试验区具有不同代表性与发展侧重点，经过几年的实践总结，各地绿色金融改革创新试验区在绿色金融标准制定、绿色金融产品服务创新、绿色金融激励约束机制等方面取得阶段性成果。2021 年，绿色金融改革创新试验区已显现出明显成效，政策引领是推动各试验区发展的重要手段。

广东省广州市花都区经济基础扎实，金融市场活跃且金融工具多元，具备良好的绿色金融工具创新与推广条件。2021 年，花都区持续聚焦绿色金融市场发展，重视引导绿色产业集聚与企业规范化上市披露，并鼓励金融机构开发创新更多绿色金融工具。绿色金融政策突出强调绿色金融与产业发展目标的深度协同，完善绿色金融市场体系，加大产品创新力度，服务绿色产业与重点领域投融资，全面推进广州绿色金融改革创新。

如表 4 所示，浙江省湖州市和衢州市 2021 年共下发 4 项政策文件，聚焦服务"双碳"目标，从传统产业转型升级发力，并且凸显了服务小微企业绿色发展的特点。同时，湖州市出台绿色金融改革创新试验区首项、全国地市级首项绿色金融促进条例，首次将发展绿色金融上升为地方性法规。

表4　2021年浙江省绿色金融改革创新试验区的绿色金融政策

政策名称	时间
《湖州市社会生态环境监测机构环境信用评价实施办法》	2021年7月
《衢州市碳达峰碳中和路径研究》	2021年8月
《湖州市绿色金融促进条例》	2021年9月
《湖州市应对气候变化"十四五"规划》	2021年12月

如表5所示，2021年江西省赣江新区出台的政策侧重于产业转型与绿色建筑，重在运用绿色金融服务于实体产业，打造产业专业化、绿色化、高端化发展路径，同时积极鼓励绿色金融支持绿色建筑的实践创新。

表5　2021年江西省赣江新区绿色金融政策

政策名称	时间
《关于制定赣江新区"十四五"规划和二〇三五年远景目标的建议》	2021年1月
《赣江新区传统产业优化升级专项资金管理办法（试行）》	2021年7月
《关于进一步推动赣江新区直管区绿色建筑发展的实施方案（2021—2025）》	2021年8月
《赣江新区直管区绿色建筑创建行动实施计划》	2021年8月
《绿色建筑一星级设计阶段预评价技术要点（试行）》	2021年9月

2021年，贵州省贵安新区出台的绿色金融政策凸显国际合作，其发布了《关于贵阳市、贵安新区实施"强省会"五年行动加强国际交流合作的实施意见》，推动贵安新区主动深度融入"一带一路"，重点推动绿色信贷、绿色保险等金融产品服务农业、大数据、人文、减贫等领域的绿色合作，传播绿色发展生态优先理念。

新疆维吾尔自治区是我国"一带一路"规划的核心区域，同时当地具有充足的清洁能源，绿色产业发展优势明显。2021年，昌吉州开展绿色金融专项资金使用部署，综合运用财政贴息、风险补偿等方式增加绿色发展专项资金补助，规范绿色金融资金的使用；克拉玛依市围绕当地特色农业发布

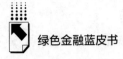
指导意见，提出积极发挥绿色金融在推进特色农业绿色化、品牌化中的积极作用，优化营商环境（见表6）。

表6   2021年新疆维吾尔自治区绿色金融改革创新试验区绿色金融政策

政策名称	时间
《克拉玛依市落实〈关于加快推进特色农业转型升级的指导意见〉》	2021年2月
《昌吉州绿色金融发展专项资金使用管理办法（试行）》	2021年8月

甘肃省兰州新区被列入绿色金融改革创新试验区的时间略迟，2021年兰州新区出台的绿色金融政策重在指导实践，主要出台了绿色项目认证、绿色业务评价、绿色金融补助等相关文件，规范绿色企业、绿色项目发展，调动市场积极性（见表7）。同时聚焦环境权益交易市场建设，加快与全国碳排放权交易市场、用能权市场、水权市场与排污权市场的融合发展。

表7   2021年甘肃省兰州新区绿色金融政策

政策名称	时间
《兰州新区绿色企业认证及评级办法（试行）》	2021年5月
《甘肃省银行业金融机构绿色金融评价实施细则》	2021年5月
《兰州新区绿色金融综合服务平台小微企业贷款风险补助政策（试行）》	2021年10月
《兰州新区环境权益交易市场建设实施方案》	2021年11月

（五）地方绿色金融试点与示范区

除国家级绿色金融改革创新试验区外，各省份近年来持续建设地方绿色金融试点与示范区，在完善地方绿色金融体系、提升地方绿色金融创新能力方面起到示范引领作用，也体现了各省份对发展绿色金融的积极态度。从中央财经大学绿色金融国际研究院对各政府网站公开资料的整理结果来看，截至2021年底，全国共有16个省份自行开展了绿色金融试点或示范区建设工作，目前已建设了33个地方绿色金融试点城市或绿色金融示范区，其中：

广西与四川的自行试点数量最多，各有5个；云南排名第三，共开展了4个绿色金融试点（见图10）。如表8所示，陕西与青海是全国最早开展地方绿色金融试点的地区，2016年便已经开始相关工作部署。甘肃从2017年起在武威市开展绿色金融试点城市探索，并在项目库建设、激励约束机制构建等方面取得一定成效。

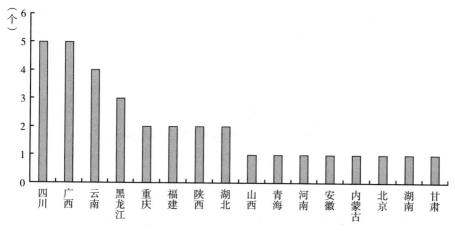

图10 全国各省份绿色金融试点与示范区建设情况

资料来源：根据公开资料整理。

表8 已有地方绿色金融试点与示范区分布

省份	地方绿色金融试点与示范区	开始年份
四川	成都市新都区、广元市、南充市、雅安市、阿坝州	2018
重庆	两江新区、万州区	2017
青海	格尔木市柴达木盆地	2016
甘肃	武威市	2017
广西	河池市南丹县、南宁市、柳州市、桂林市、贺州市	2018 2020
云南	普洱市、曲靖市、红河州、蒙自市	2021
福建	三明市、南平市	2020
山西	大同市	2020
陕西	安康市、汉中市西乡县	2016
湖北	荆门市京山县、黄石市	2017

续表

省份	地方绿色金融试点与示范区	开始年份
黑龙江	双鸭山市、齐齐哈尔市、伊春市	2021
河南	南阳市	2017
湖南	湘乡市	2021
安徽	合肥市庐阳区	2017
北京	北京市通州区	2017
内蒙古	鄂尔多斯市	2020

资料来源：根据公开资料整理。

二 市级绿色金融政策推动情况

（一）市级绿色金融政策总体特点

相较于注重宏观与中观规划、兼顾普适性与指导性的中央以及省级政策，市级绿色金融政策更加聚焦特色性与实操性，内容更加具体，也更具针对性，往往充分考虑市级经济发展实力与市场需求。根据中央财经大学绿色金融国际研究院收集整理的市级综合、专项指导文件汇总数据，截至2021年12月底，全国共发布市级绿色金融相关指导文件180项，包括综合指导文件和专项指导文件，其中综合指导文件占61%（见图11）。

在已发布市级指导文件的省份中，四川数量最多，共达19项，其中综合指导文件数量为17项，居全国首位。新疆整体数量位居第二，综合指导文件与专项指导文件数量相对均衡。其他省份的发布情况差距不大，除吉林、黑龙江与西藏外，其他省份均有市级层面的绿色金融综合指导文件与（或）专项指导文件（见图12）。

1. 综合指导文件

截至2021年12月，全国31个省份中已有26个省份的下辖市级行政单位发布市级综合指导文件，累计发布数量达到109项。其中，四川发布的综

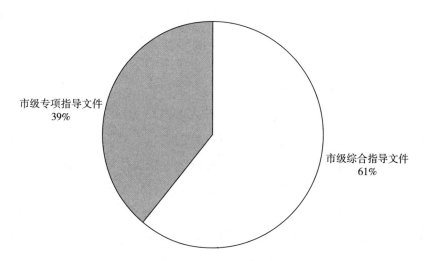

图 11　市级绿色金融政策发布类型（截至 2021 年 12 月）

资料来源：根据公开资料整理。

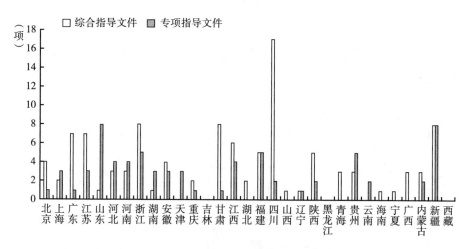

图 12　全国各省份发布的市级绿色金融政策数量（截至 2021 年 12 月）

资料来源：根据公开资料整理。

合指导文件数量最多，共计 17 项，占全国已发布的市级绿色金融综合指导
文件的 15.6%，反映出四川在市级层面的绿色金融政策普及度、完备度和
下沉度较高，绿色金融政策层级相对丰富。除吉林、黑龙江、云南、西藏和

天津 5 个省份的下辖市级行政单位尚未发布市级综合指导文件外，其他省份均发布了市级绿色金融综合指导文件。

从发布时间来看，市级绿色金融综合指导文件的发布自 2014 年开始，此后呈逐年递增趋势，2016 年后增长速度显著提升，2018 年发布的数量最多，之后下降，直至 2021 年再次迎来第二个高峰（见图 13）。结合实际背景来看，2016 年绿色金融纲领性指导文件的发布推动了各省构建绿色金融体系的行动，进而向市级传导，2017 年绿色金融改革创新试验区的设立为各省提供了规划思路，随着绿色金融改革创新试验区的试验效果逐步显现以及省级综合指导文件的下发落实，各市开始结合自身情况加快出台市级绿色金融指导文件。以市级综合指导文件发布数量较多的四川为例，2018 年 1 月，省级政府发布《四川省绿色金融发展规划》，随后省内各级政府逐步加大绿色金融发展的政策推动力度。2018 年，全国合计出台市级综合指导文件 36 项。2020 年"双碳"目标提出后，绿色金融发展动力增强，与"双碳"目标相挂钩的金融安排更加丰富，2021 年各省份因地制宜地持续加大对绿色金融的政策推动力度并对发展任务进行扩充，合计出台市级综合指导文件 26 项。

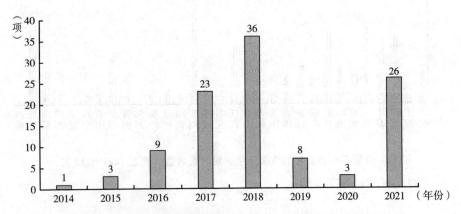

图 13 市级绿色金融综合指导文件发布数量（截至 2021 年 12 月）

资料来源：根据公开资料整理。

从政策内容来看，相比于省级综合指导文件，市级绿色金融综合指导文件更为具体，措施目标更为细致。例如，江苏省徐州市明确"到 2025 年全市绿色信贷余额达 1400 亿元以上，低碳环保技术装备保险等绿色保险金额比 2020 年末翻一番，绿色企业直接融资规模不低于 1000 亿元"等具体目标①。部分地区的指导文件对棕色行业提出进一步要求，如广西壮族自治区贺州市在实施方案中提出"支持高耗能、高污染行业引进先进技术设备发展清洁生产""降低高污染、高能耗和产能过剩行业的信贷投放比重"等要求②。

从绿色金融改革创新试验区所在省份来看，六省市级综合指导文件的发布数量整体较大，除试验区之外，本省其他市级地区的参与度也较高，省内各市的政策完善程度与实施效果较为平衡。其中，浙江、新疆与甘肃的表现较为突出，数量领跑全国（见图 14）。

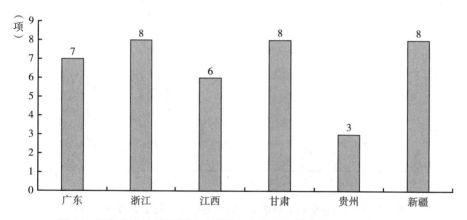

图 14　绿色金融改革创新试验区所在省份市级综合指导文件发布数量
（截至 2021 年 12 月）

资料来源：根据公开资料整理。

---

① 《徐州出台绿色金融实施方案，构建新发展体系》，https：//www.chinacace.org/news/view？id=13245。

② 《贺州市人民政府办公室关于印发贺州市构建绿色金融体系实施方案的通知》，http：//www.gxhz.gov.cn/xxgk/jcxxgk/zcwj/hzbf/t2442892.shtml。

2. 专项指导文件

截至 2021 年 12 月，全国累计有 22 个省份的下辖市级行政单位发布市级专项指导文件 71 项，其中山东和新疆的发布数量最多，各有 8 项。专项指导文件整体发布数量与发布省份范围明显小于综合指导文件，对具体绿色金融工具使用规范的约束较少。这一现象与地方绿色金融产品仍处于创新阶段、市级政府鼓励市场自主实践的阶段性特征关联较大。

从发布时间来看，专项指导文件发布时间较早、跨度较大，与绿色信贷的市场探索开始时间较早有关。最早的市级绿色金融专项指导文件是 2008 年湖南省湘潭市发布的绿色信贷相关意见。2016 年构建绿色金融体系的意见出台后，专项指导文件数量明显开始增加，2018 年数量最多，随后有所下降，2019 年后再次增长（见图 15）。

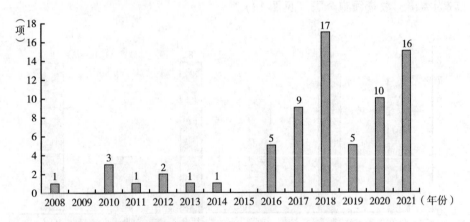

图 15　市级绿色金融专项指导文件发布数量（截至 2021 年 12 月）

资料来源：根据公开资料整理。

从发布内容来看，专项指导文件主要围绕绿色信贷展开，这与我国绿色信贷规模大、应用行业范围广等密切相关。同时，专项指导文件还对绿色债券、绿色保险、绿色基金等绿色金融工具的使用出部署，但相较于绿色信贷而言数量较少。

从绿色金融改革创新试验区所在省份来看，各试验区所在省份均已发布专项指导文件，其中新疆发布数量最多（见图16）。新疆在市级综合与专项指导文件发布数量方面保持均衡且领先，专项指导文件内容以绿色信贷与货币支持工具为主。

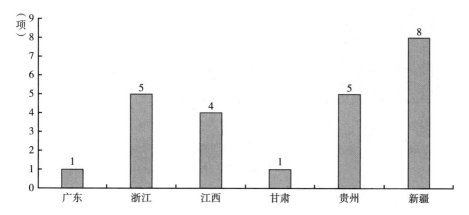

图16　绿色金融改革创新试验区所在省份市级绿色金融专项指导文件发布数量（截至2021年12月）

资料来源：根据公开资料整理。

（二）"十四五"阶段市级绿色金融发展规划

截至2021年12月底，全国已有28个省份下辖的130个市级行政单位发布市级层面的"十四五"规划并在其中提及绿色金融相关内容。其中，云南省14个下辖市级行政单位在已发布的"十四五"规划中提及绿色金融。河南、重庆与四川并列其后，有10个下辖市级行政单位在地方"十四五"发展规划中提及绿色金融（见图17）。

市级"十四五"规划依据当地节能减排、污染防治、绿色产业发展需求，引入绿色金融提供支持服务。以云南为例，玉溪、普洱、临沧等多市聚焦工业、农业、服务业等产业绿色转型制定相关规划，重点培育和壮大节能环保、清洁生产和清洁能源产业，并通过加快探索环保治理投融资引导社会资本投入绿色低碳发展领域。

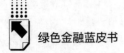
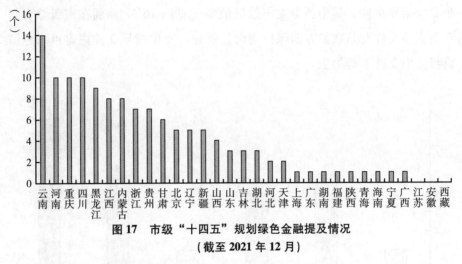

图 17　市级"十四五"规划绿色金融提及情况
（截至 2021 年 12 月）

资料来源：根据公开资料整理。

三　绿色金融激励政策出台情况

（一）绿色金融激励政策总体进展

为促进相关碳排放主体积极推动"双碳"目标实现，各级政府推出一系列相关金融政策，旨在将金融工具引入降碳减排领域，从而以更少的政府财政资金撬动更大的降碳减排力度[①]。绿色金融激励政策是地方政府激发绿色金融市场主体积极性、推动政策落实的重要手段，由于绿色产业孵化发展的投资周期较长，在环境效益内部化机制尚不健全时，亟须配套激励政策提高相关机构参与的积极性。当前各省份运用财政资金，通过贴息奖补等手段引导绿色金融机构增加绿色资产配置、强化气候和环境风险管理，对推动绿色金融机构集聚、加快绿色金融产品和服务创新、扩大绿色金融市场规模发挥了重要的作用。

---

① 孙秋枫、年综潜：《"双碳"愿景下的绿色金融实践与体系建设》，《经济学研究》2022 年第 1 期。

（二）绿色金融激励政策分类分析

从类型来看，绿色金融激励政策主要包括对绿色项目进行贴息，降低贷款风险；通过再贷款、再贴现等货币政策工具对发放合格绿色信贷的金融机构给予一定的政策倾斜；通过风险共担或风险补偿机制降低发放绿色信贷的金融机构以及为绿色信贷提供担保的第三方担保机构的潜在风险。

1. 绿色信贷、绿色债券贴息政策

绿色信贷和绿色债券是目前中国绿色金融市场中规模最大的两种绿色金融产品，是绿色企业和绿色项目重要的资金来源。各地方政府通过设置专项的财政支持资金，在绿色金融相关政策中提出为绿色信贷、绿色债券提供贴息，减轻企业付息负担，在不影响市场对资源配置作用的情况下，有效发挥财政资金的杠杆作用，引导金融机构加大对绿色产业领域的支持力度。如图18 所示，截至 2021 年底，共有 25 个省份在已出台的各项绿色金融文件中涉及绿色信贷、绿色债券贴息相关政策措施。2021 年，涉及绿色信贷、绿色债券贴息相关政策措施的文件累计新增 20 项。总体来看，涉及绿色信贷、绿色债券贴息的专项引导政策较少，大多是在绿色金融综合性政策中提出。

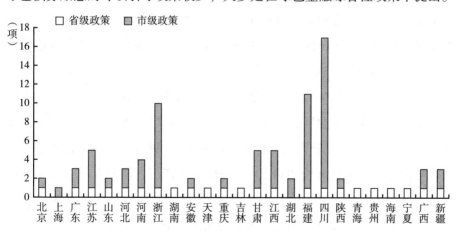

图 18　全国各省份省级和市级绿色信贷、绿色债券贴息政策数量
（截至 2021 年 12 月）

资料来源：根据公开资料整理。

随着各省份绿色金融工作的不断深入，以及相关市场实践经验的不断积累，绿色信贷、绿色债券贴息政策日益完善和具有可操作性，部分地方还发布专项贴息指引，明确贴息范围、贴息规模和贴息期限，起到了促进地方绿色信贷和绿色债券发展的良好作用。2018年7月，贵州发布《关于推动传统金融工具绿色化转型的指导意见》，提出综合运用现有财政贴息政策措施，鼓励金融机构积极开展绿色金融业务。2018年9月，湖州市国家绿色金融改革创新试验区建设领导小组办公室发布《湖州市建设国家绿色金融改革创新试验区若干意见操作办法（试行）》，将绿色信贷贴息与绿色企业和绿色项目认定机制相结合，补助对象为在市本级金融机构申请融资且被认定评价为绿色的融资企业或项目，实行差别化贴息奖励政策，对被认定评价为"深绿"、"中绿"和"浅绿"等不同程度的融资企业或项目，分别给予贷款同期基准利率的12%、9%和6%的贴息支持。随后，湖州市下辖的德清县、长兴县也在发布的绿色金融相关政策中提出绿色信贷贴息措施，以湖州市制定的贴息方式为基础制定实施细则，其中，德清县人民政府办公室发布《德清县金融引领绿色经济发展试验区建设的若干意见》，提出企业（项目）绿色评价识别标准建立后实行绿色贷款贴息补偿，此外，经县政府同意，每年安排专项资金1.5亿元，支持德清县金融引领绿色经济发展试验区建设。2019年8月，江苏发布《江苏省绿色债券贴息政策实施细则（试行）》，提出按照"先付息、后补贴"原则，对成功发行绿色债券的非金融企业实施贴息，降低企业融资成本，绿色债券贴息资金从省级普惠金融发展专项资金中安排。2020年6月，江苏发布《关于2020年绿色金融奖补资金审核情况的公示》，展示对省内下辖各市县发行绿色债券实行贴息奖励的情况①。2021年，江苏省财政厅下达的年度绿色金融奖补资金7493万元中，包括对15只绿色债券的贴息2788万元。2021年5月，甘肃发布《关于金融助力实体经济高质量发展的若干措施》，

---

① 江苏省生态环境厅：《关于2020年绿色金融奖补资金审核情况的公示》，https：//www.smejs.cn/policy_ show.aspx? id＝11281。

提出对绿色债券提供增信、贴息或风险补偿。部分省份出台的绿色信贷、绿色债券贴息政策见表9。

表9 部分省份绿色信贷、绿色债券贴息政策（截至2021年12月）

省份	政策名称	相关举措
广东	《关于加强环保与金融融合促进绿色发展的实施意见》	安排再贴现专项额度定向支持省内金融机构开展环保金融业务，支持省内对环保重点领域和环境友好企业信贷投放较多的金融机构开展贴现业务
	《广州市黄埔区、广州开发区促进绿色金融发展政策措施的通知》	提出十项措施推动当地绿色金融发展，对成功申请绿色信贷的企业按其贷款金额的1%给予贴息，单个企业每年最高100万元，贴息期限3年；对成功发行贴标绿色债券的企业在债券存续期内按其实际付息额的10%给予贴息，同一笔债券业务补贴期最长3年，单个企业每年最高200万元
吉林	《关于推进绿色金融发展的若干意见》	对金融机构向绿色项目库中的优质项目发放贷款或发行债券等投融资行为予以奖励、补偿或风险补偿。支持商业银行对生态环保项目贷款执行较低利率，鼓励政策性银行降低准入门槛，开展贴息贷款服务
福建	《关于金融支持农业绿色发展的实施意见》	各级农业银行要充分利用好各级政府设立的绿色产业基金、风险补偿基金、绿色贴息政策，做大绿色信贷业务规模，降低贷款风险
贵州	《关于推动传统金融工具绿色化转型的指导意见》	综合运用现有财政贴息政策措施，鼓励金融机构积极开展绿色金融业务
	《贵州省贵安新区建设绿色金融改革创新试验区总体方案》	根据财力和绿色贷款存增量等具体情况，按照《贵州省金融业态发展资金管理办法》，对符合条件并积极开展绿色信贷业务和绿色金融产品创新的银行实行奖补
海南	《海南省绿色金融改革发展实施方案》	利用财政贴息支持金融机构提供更多绿色金融产品和服务

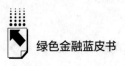

续表

省份	政策名称	相关举措
江苏	《江苏省绿色债券贴息政策实施细则(试行)》	对符合条件的绿色信贷进行适当贴息,贴息后贷款利率原则上不高于同期人民银行贷款基准利率
	《南京江北新区关于进一步深化绿色金融创新促进绿色产业高质量发展的实施意见(试行)》	对经过第三方专业机构评估认定的且成功发行绿色债券的辖内非金融企业年度实际支付利息的40%进行贴息,贴息持续时间为2年,单只债券每年最高贴息300万元
重庆	《重庆市绿色金融发展规划(2017~2020)》	建立绿色债券发行补贴机制,对符合条件的绿色债券发行主体给予中间费用补贴
甘肃	《甘肃省人民政府办公厅关于构建绿色金融体系的意见》	出台增信支持、贴息优惠、专项奖励基金等政策措施支持绿色债券发行
	《关于金融助力实体经济高质量发展的若干措施》	对绿色债券发行主体提供增信、贴息或风险补偿
青海	《关于全面推进普惠金融综合示范区试点工作的实施意见》	通过贴息、补贴、奖励、风险补偿等多种形式,继续推进各类基金建设
新疆	《新疆维吾尔自治区人民政府办公厅关于自治区构建绿色金融体系的实施意见》	统筹使用涉及节能环保、污染防治等领域的财政专项资金,对于符合"绿色清单"标准的绿色信贷,可按规定申请贴息等"正向激励"

资料来源:根据公开资料整理。

2. 再贷款定向支持绿色项目政策

再贷款是一种带有较强计划性的数量型货币政策工具,中央银行通过向商业银行提供信用贷款,能在一定程度上发挥货币政策工具的宏观调控职能。由于中央银行的再贷款一般还款周期较长,通过再贷款定向支持绿色项目融资,可以解决传统商业银行的信贷工具在绿色项目运营上的期限错配问题,更加符合绿色项目实施周期长、具有正外部性的特殊属性，实现通过货币政策工具引导商业银行发展绿色信贷的功能。针对《关于构建绿色金融体系的指导意见》中提出的"探索通过再贷款和建立专业化担保机制等措施支持绿色信贷发展"要求，各省份在绿色金融激励政策中提出运用再贷款工具支持绿色信贷发展，进一步拓宽绿色信贷资金来源。

除国家碳减排货币政策工具的统一安排外，截至 2021 年底，如图 19 所示，共有 23 个省份在绿色金融政策中提出通过运用再贷款定向支持绿色项目发展。在本次评价周期内，各省份累计新发布 9 项相关政策，其中天津市发布的《天津市金融业发展"十四五"规划》中首次涉及运用再贷款定向支持绿色项目发展。与国家碳减排货币政策定向支持的领域不完全相同，历年来各省份再贷款的支持对象包括地方绿色企业和绿色项目，同时对在运用再贷款支持绿色项目发展方面表现良好的金融机构给予一定的政策支持，提升金融机构发展绿色金融的内在动力。部分省份运用再贷款定向支持绿色项目的政策见表 10。

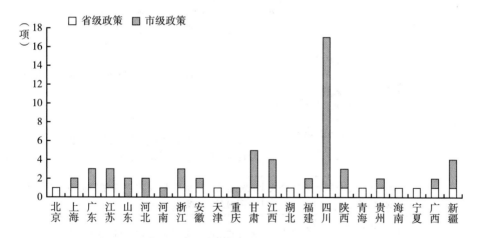

图 19　全国各省份省级、市级再贷款定向支持绿色项目政策数量
（截至 2021 年 12 月）

资料来源：根据公开资料整理。

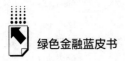

表 10　部分省份再贷款定向支持绿色项目的政策

省份	政策名称	相关措施
安徽	《安徽省银行业存款类法人金融机构绿色信贷业绩评价实施细则(试行)》	实施再贷款支持
北京	《关于构建首都绿色金融体系的实施办法》	运用再贷款支持绿色上市企业再融资
重庆	《重庆市绿色金融发展规划(2017~2020)》	探索运用再贷款、再贴现等政策工具支持绿色信贷发展
	《万州区绿色金融试点工作方案》	运用再贷款、再贴现,加大对在绿色信贷方面表现优异的金融机构的支持力度
福建	《福建省关于加强绿色金融和环境信用评价联动助推高质量发展的实施意见》	运用再贷款、再贴现等货币政策工具,建立健全福建省及各地市的绿色信贷贴息、风险分担和补偿机制
	《三明市人民政府办公室关于印发三明市省级绿色金融改革试验区工作方案重点任务责任分解及细化措施的通知》	由市人行牵头负责,将绿色信贷、绿色票据纳入央行再贷款、再贴现优先支持范围,引导金融机构加大绿色信贷投入。2021年末再贷款、再贴现政策支持的绿色信贷、绿色票据比重达5%;"十四五"期间,该比重逐年提升,到2025年提升至15%
	《福建省生态环境厅　国家开发银行福建省分行关于运用开发性金融资金支持农村生活污水提升治理的通知》	通过再贷款工具定向支持农村生活污水治理水平提升
甘肃	甘肃省人民政府办公厅《关于构建绿色金融体系的意见》	充分利用再贷款,鼓励和支持银行等金融机构加大对绿色企业和绿色项目的信贷支持
	《天水市发展绿色金融的实施意见》	充分运用再贷款、再贴现,引导金融机构加大对绿色经济的支持力度
	《陇南市人民政府办公室关于构建绿色金融体系的意见》	充分利用再贷款,鼓励和支持银行等金融机构加大对绿色企业和绿色项目的信贷支持
	《武威市人民政府办公室印发〈关于推进绿色金融加快发展的实施方案〉的通知》	实施再贷款支持

省份	政策名称	相关措施
广东	《关于加强环保与金融融合促进绿色发展的实施意见》	运用再贷款工具定向支持地方性法人金融机构向环境友好企业发放贷款,金融支持环保重点领域和环境友好企业力度较大的金融机构优先推荐参加人民银行信贷资产质押再贷款试点,优先获得信贷资产质押再贷款额度并享受优惠再贷款利率
	《关于加快清远市绿色金融发展的实施意见》	支小、支农再贷款
	《广东省广州市建设绿色金融改革创新试验区总体方案》	运用再贷款、再贴现对试验区在绿色信贷方面表现优异的地方法人金融机构和全国性、区域性金融机构分支机构给予一定政策倾斜
广西	《自治区金融办等部门关于构建绿色金融体系实施意见的通知》	积极运用再贷款、再贴现、常备借贷便利等货币政策工具支持绿色信贷方面表现突出的金融机构,推广绿色贷款等信贷资产质押,有效引导银行业金融机构加大绿色信贷投放
	《贺州市构建绿色金融体系实施方案》	积极运用再贷款、再贴现、常备借贷便利等货币政策工具支持绿色信贷方面表现突出的金融机构
贵州	《贵州省人民政府办公厅关于加快绿色金融发展的实施意见》	引导扶贫再贷款、支农再贷款和支小再贷款等低利率贷款政策加大对绿色企业和绿色项目的绿色信贷支持
	《贵州省贵安新区建设绿色金融改革创新试验区总体方案》	运用再贷款、再贴现等货币政策工具,加大对在绿色信贷方面表现优异的金融机构的支持力度
	《关于绿色金融助推林业改革发展的指导意见》	探索通过再贷款和建立专业化担保机制等措施支持绿色信贷发展,积极支持符合条件的绿色企业上市融资和再融资
	《关于推动传统金融工具绿色化转型的指导意见》	对绿色产业支持力度大的金融机构,给予再贷款、再贴现、常备借贷便利等货币政策工具倾斜
	《黔南州绿色制造三年行动计划(2018~2020年)》	人民银行用于支持绿色金融的再贷款累计投放达到80亿元以上
湖北	《黄石市创建绿色金融改革创新试验区工作方案》	发挥央行再贷款、再贴现、常备借贷便利等政策工具的导向作用
	人行咸宁市中心支行《关于金融支持咸宁市加快实现绿色崛起的指导意见》	加大对绿色项目的支农再贷款投放力度,合理确定支农再贷款期限
	《湖北省金融业发展"十四五"规划》	运用碳减排支持工具、再贷款、再贴现等货币政策工具支持碳金融发展

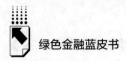

续表

省份	政策名称	相关措施
海南	《海南省绿色金融改革发展实施方案》	运用再贷款、再贴现等货币政策工具,对海南在绿色信贷方面表现优异的地方法人金融机构和全国性、区域性金融机构的分支机构给予一定政策倾斜
江苏	扬州《关于构建绿色金融体系指导意见的实施细则》	运用再贷款、再贴现定向精准支持绿色产业发展
	《兴化市绿色金融实施方案》	加强绿色信贷实施监测评估,争取再贷款支持绿色信贷发展试点
江西	《江西省人民政府关于加快绿色金融发展的实施意见》	运用再贷款、再贴现等货币政策工具促进绿色信贷
	《江西省"十三五"建设绿色金融体系规划》	通过再贷款和建立专业化担保机构支持绿色信贷
	《赣江新区建设绿色金融改革创新试验区实施细则》	加大赣江新区辖内地方法人金融机构支农再贷款、支小再贷款、扶贫再贷款支持,引导加大绿色信贷投放,降低绿色金融融资成本
	《萍乡市加快发展绿色金融的实施意见》	充分运用再贷款、再贴现引导金融机构加大对绿色经济的支持力度
青海	人民银行西宁中心支行《关于推动全省加快发展普惠金融、绿色金融、移动金融的指导意见》	利用再贷款、再贴现等货币政策工具加大对绿色经济的支持力度
	《青海省人民政府办公厅关于全面推进普惠金融综合示范区试点工作的实施意见》	完善货币信贷政策,进一步加大支农支小再贷款、再贴现支持力度,落实扶贫再贷款政策
陕西	《安康市绿色金融示范市建设工作方案》	通过再贷款、差别化存款准备金等货币策工具,引导金融机构加大对绿色生态领域的信贷投放力度
上海	《关于在长三角生态绿色一体化发展示范区深化落实金融支持政策推进先行先试的若干举措》	运用再贷款、再贴现资金扩大对绿色产业的投放
	《中国人民银行、中国银行保险监督管理委员会、中国证券监督管理委员会等关于进一步加快推进上海国际金融中心建设和金融支持长三角一体化发展的意见》	在现行政策框架下,支持金融机构运用再贷款、再贴现资金,扩大对长三角"三农"、从事污染防治的企业、科创类企业、高端制造业企业、小微企业和民营企业等的信贷投放

省份	政策名称	相关措施
四川	《四川省绿色金融发展规划》	对符合再贷款申请条件、积极提供绿色信贷的银行业金融机构,优先给予再贷款支持
	《成都市人民政府办公厅关于推动绿色金融发展的实施意见》	充分运用再贷款、再贴现等货币政策工具,支持金融机构开展绿色信贷业务
	《泸州市人民政府办公室关于印发构建绿色金融体系的实施意见的通知》	采用再贷款、再贴现等货币政策工具
	《绵阳市创新绿色金融服务实施意见》	优化扶贫再贷款
	《广元市推进绿色金融发展实施意见》	探索运用扶贫再贷款
	遂宁市人民政府《关于发展绿色金融的实施意见》	积极运用再贷款、再贴现等货币政策工具
	内江市人民政府《内江市绿色金融发展规划》	积极运用再贷款、再贴现等货币政策工具
	南充市人民政府《南充市绿色金融发展规划》	运用再贷款、再贴现等货币政策工具
	《眉山市绿色金融发展实施方案》	运用再贷款工具
	《关于达州市推进绿色金融发展的实施意见》	充分运用扶贫再贷款、支小再贷款等货币政策工具
	《关于印发资阳市绿色金融发展实施办法》	实施再贷款支持
	《雅安市推进绿色金融发展实施意见》	实施再贷款支持
新疆	人民银行乌鲁木齐中心支行《货币政策工具支持绿色金融改革创新试验区绿色经济发展实施细则(暂行)》	采用再贷款、再贴现等货币政策工具,对在绿色信贷方面表现优异的地方法人金融机构和全国性、区域性金融机构分支机构给予一定的政策倾斜,有效引导金融机构加大绿色信贷投放
	新疆维吾尔自治区《构建绿色金融体系的实施意见》	支持金融机构加大对绿色金融领域的资金供给
	《喀什地区推动绿色金融创新发展实施方案》	引导创新银行业金融机构运用再贷款、再贴现资金优先发放涉农和小微企业中绿色项目贷款,合理确定贷款利率,降低绿色产业项目融资成本

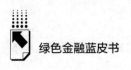
续表

省份	政策名称	相关措施
浙江	《关于推进全省绿色金融发展的实施意见》	在满足再贷款、再贴现要求的条件下,优先支持绿色项目,对绿色金融改革创新试验区给予再贷款、再贴现额度倾斜
	《浙江省湖州市、衢州市建设绿色金融改革创新试验区总体方案》	运用再贷款、再贴现对试验区在绿色信贷方面表现优异的地方法人金融机构和全国性、区域性金融机构分支机构给予一定政策倾斜
天津	《天津市金融业发展"十四五"规划》	运用再贷款、再贴现等货币政策工具,引导金融机构加大对绿色产业、项目的金融支持

资料来源:根据公开资料整理。

  部分绿色金融改革创新试验区进行了再贷款工具支持绿色信贷试点。江西省赣江新区在《赣江新区建设绿色金融改革创新试验区实施细则》中提出要加大赣江新区辖内地方法人金融机构支农再贷款、支小再贷款、扶贫再贷款支持,引导加大绿色信贷投放,降低绿色金融融资成本。中国人民银行湖州市中心支行探索构建央行再贷款资金对接商业性银行绿色金融产品运作机制,2017 年发放再贷款 5 亿元,定向支持"绿色园区贷"等 3 个典型绿色信贷产品。湖州在运用再贷款工具的过程中,建立了多层次绿色验证机制,要求申请再贷款的金融机构要开发环境风险识别、评估、评级的方法或工具,建立绿色信贷贴标制度,保障再贷款的投向;同时实施再贷款利率转移定价,要求借款金融机构执行"运用再贷款资金发放的贷款利率加点幅度最高不超过 3 个百分点"的利率政策,通过利率传导将央行政策性资金的低成本优惠传导给绿色企业,更好地帮助绿色企业进行融资①。中国人民银行哈密市中心支行积极使用再贷款、再贴现等货币政策工具,引导资金投向绿色项目。2021 年 11 月,中国人民银行喀什中心支行发布《喀什地区推动绿色金融创新发展实施方案》,提出

---

  ① 中国人民银行:《人民银行湖州市中心支行构建"再贷款+绿色信贷"管理模式》,http://hangzhou.pbc.gov.cn/hangzhou/2927497/3606319/index.html。

引导创新银行业金融机构运用再贷款、再贴现资金支持绿色项目发展，合理确定贷款利率，降低绿色项目融资成本。

3. 风险担保或补偿基金机制政策

防范金融风险是推动金融健康可持续发展的重要内容，由于存在标准不统一、信息不对称、绿色项目周期长以及赢利能力有限等问题，金融机构在推动绿色金融产品创新和实践落地过程中存在一定风险，影响了绿色金融市场主体参与的积极性。政府通过构建绿色金融风险担保机制，可以分担绿色金融产品落地实践过程中可能产生的风险，减少金融机构的损失，提升投资者对绿色投融资的信心。《关于构建绿色金融体系的指导意见》提出，"鼓励和支持有条件的地方通过专业化绿色担保机制、设立绿色发展基金等手段撬动更多的社会资本投资于绿色产业"。

如图 20 所示，截至 2021 年底，共有 27 个省份在绿色金融政策中提出风险担保或补偿基金机制。2021 年累计新发布 5 项相关政策，主要包括建立绿色担保机制、设立绿色项目风险补偿基金、引导成立专业绿色担保机构等，以提高区域绿色金融风险防范能力，推动绿色金融健康可持续发展。部分省份有关风险担保或补偿基金机制的政策见表 11。

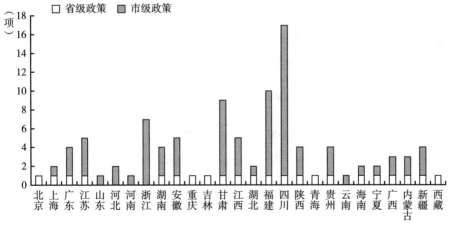

图 20　全国各省份省级、市级风险担保或补偿基金机制政策数量
（截至 2021 年 12 月）

资料来源：根据公开资料整理。

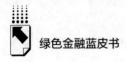

表11 部分省份有关风险担保或补偿基金机制的政策

省份	政策名称	相关举措
安徽	安徽省《关于创新体制机制推进农业绿色发展的实施意见》	加大绿色信贷及专业化担保支持力度
	《马鞍山市"十三五"节能实施方案》	鼓励建立"保险+银行"等信贷风险分担补偿机制
	《关于发展绿色金融支持安庆市经济实现高质量发展的指导意见》	设立信贷风险补偿基金
	《安徽省科技融资担保风险分担机制推广实施方案》	建立省科技融资担保风险分担机制,进一步健全全省科技融资担保体系,提升科技融资担保机构服务能力
北京	《关于构建首都绿色金融体系的实施办法》	建立专业化绿色担保机制,鼓励再担保机构对担保机构因绿色项目发生的风险损失提高代偿比例
福建	《福建省绿色金融体系建设实施方案》	建立有利于降低企业发债融资成本的担保、贴息等机制
	《福建省关于加强绿色金融和环境信用评价联动助推高质量发展的实施意见》	建立风险分担和补偿机制
	《南平市人民政府办公室关于贯彻落实福建省绿色金融体系建设实施方案的指导意见》	建立担保机制
	《关于促进厦门市保险行业发展绿色金融的意见》	设立风险补偿金
	《三明市绿色金融体系建设实施方案》	担保机制、政策性担保机构申请国家专项建设基金
	《漳州市绿色金融体系建设实施方案》	担保机制、政策性担保机构申请国家专项建设基金
	《福州绿色金融实施方案》	实施风险管理
	《福州市"十三五"节能减排综合工作方案》	实施绿色信贷担保
	建瓯市《构建绿色金融体系推进绿色生态文明建设的实施意见》	实施绿色信贷担保
	《关于金融支持农业绿色发展的实施意见》	积极支持农业银行与政策性农业信贷担保机构建立全面合作关系,农业银行合理设置担保放大倍数和风险分担比例,共同支持绿色农业发展

续表

省份	政策名称	相关举措
甘肃	甘肃省《关于构建绿色金融体系的意见》	完善绿色项目投融资风险补偿机制;引导和鼓励融资担保公司开展绿色增信业务,为全省绿色企业、绿色项目提供增信支持
	《天水市发展绿色金融的实施意见》	设立风险补偿金
	《陇南市人民政府办公室关于构建绿色金融体系的意见》	完善绿色项目投融资风险补偿机制
	《武威市人民政府办公室印发〈关于推进绿色金融加快发展的实施方案〉的通知》	建立风险补偿机制
	《张掖市绿色金融体系建设实施方案》	建立风险补偿机制
	《关于金融助力实体经济高质量发展的若干措施》	对绿色债券提供增信、贴息或风险补偿
广东	广东省环保厅、人民银行、金融办公室《关于加强环保与金融融合促进绿色发展的实施意见》	设立信贷风险补偿基金
	《广东省广州市建设绿色金融改革创新试验区总体方案》	建立绿色项目投融资风险补偿制度,构建绿色企业和项目保险体系
	《深圳市关于构建绿色金融体系的实施意见(试行)》	建立风险补偿、碳金融增信担保机制
	《关于加快清远市绿色金融发展的实施意见》	设立风险补偿基金
	《广州市黄埔区、广州开发区促进绿色金融发展政策措施》	设立 2000 万元的绿色金融风险补偿资金池
	《珠海市创业担保贷款担保基金和贴息资金管理办法》	设立两个担保基金,建立担保基金存放动态调整机制
广西	《广西壮族自治区中小微企业信用担保风险补偿资金管理办法》	建立风险补偿机制
	《自治区金融办等部门关于构建绿色金融体系实施意见》	支持融资担保机构优先向绿色领域配置担保资源,对符合要求的绿色企业、绿色项目予以优先支持;鼓励融资担保机构适当降低绿色项目担保门槛和担保费率,提高绿色信贷担保率
	《柳州市关于构建绿色金融体系的实施意见》	建立风险补偿机制

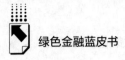

续表

省份	政策名称	相关举措
贵州	《贵州省人民政府办公厅关于加快绿色金融发展的实施意见》	鼓励发起设立绿色小额贷款公司和绿色融资担保公司,引导和鼓励省内具备资质的小额贷款公司和融资担保公司开设绿色增信业务,为贵州省绿色中小企业、绿色项目提供绿色信贷和增信支持
	《关于绿色金融助推林业改革发展的指导意见》	建立风险补偿基金
	《黔南州人民政府办公室关于转发州工业信息化委黔南州绿色制造三年行动计划(2018—2020年)的通知》	力争2020年州级绿色产业发展基金和绿色担保基金担保额度分别达到50亿元以上
	《贵州省贵安新区建设绿色金融改革创新试验区总体方案》	建立绿色项目风险补偿基金;对于排污权、排放权、用能权、水权等环境权益以及有关产权抵质押贷款的损失,鼓励金融机构积极与政策性融资担保公司合作,引入财政风险补偿,创新分担机制
	《遵义市人民政府办公室关于市本级绿色产业扶贫投资基金工作若干激励政策措施的通知》	设立绿色基金贷款市级风险补偿金1000万元
河北	《承德市关于建立绿色金融体系的工作方案》	建立绿色金融担保体系,引导担保机构优先向绿色领域配置担保资源
	《秦皇岛市构建绿色金融体系的实施意见》	建立风险补偿与分担机制
	河北省《关于构建绿色金融体系的实施意见》	建立绿色金融担保体系,支持碳排放权、排污权等担保方式创新
河南	《南阳市金融支持绿色经济发展的指导意见》	进行风险补贴
	《关于加快建立健全绿色低碳循环发展经济体系的实施意见》	支持保险机构开展绿色保险业务,加快建立健全保险理赔服务体系
湖北	《黄石市创建绿色金融改革创新试验区工作方案》	设立风险补偿基金
	《关于金融支持咸宁市加快实现绿色崛起的指导意见》	设立风险补偿基金

续表

省份	政策名称	相关举措
湖南	湖南省《关于促进绿色金融发展的实施意见》	构建政策性融资担保体系
	《株洲市中小微企业信用贷款风险补偿基金管理暂行办法》	设立风险补偿基金
	《湖南省金融发展专项资金管理办法》	安排专项资金用于银行、保险公司、融资担保公司、小额贷款公司等金融机构信贷风险补偿
	《湖南省融资性担保公司管理暂行办法》	设立省级担保公司
	《郴州市人民政府办公室关于加强政府性融资担保体系建设支持实体经济发展的实施意见》	构建政府性融资担保服务体系
江苏	《关于深入推进绿色金融服务生态环境高质量发展的实施意见》	支持发展绿色担保、风险补偿
	南通市《关于加快绿色金融发展支持全市生态文明建设的实施意见》	建立专业化绿色担保机制
	《泰兴市发展绿色金融工作实施方案》	政府通过风险补偿、信用担保、绿色发展基金、绿色信贷增量奖励、将直接发放给企业的节能奖励转变为信贷贴息等措施,建立促进绿色金融发展的长效机制
	《江苏省绿色债券贴息政策实施细则(试行)》	对为中小企业绿色信贷提供担保的第三方担保机构,担保额度在1000万元以内(含1000万元)的,按其担保业务的季均余额给予不高于1%的风险补偿。对为中小企业绿色集合债提供担保的第三方担保机构,出现代偿后按照实际发生损失金额的30%给予风险补偿,单只债券最高补偿不超过300万元
	《南京江北新区关于进一步深化绿色金融创新促进绿色产业高质量发展的实施意见(试行)》	为实施绿色担保并成功帮助绿色企业融资的担保机构提供风险补偿
江西	《江西省人民政府关于加快绿色金融发展的实施意见》	有条件的地方探索设立绿色金融风险补偿基金

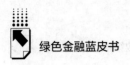

续表

省份	政策名称	相关举措
江西	《江西省"十三五"建设绿色金融体系规划》	鼓励金融机构建立绿色信贷补偿机制;设立绿色金融风险补偿基金,对经办银行新增绿色项目贷款和融资性担保机构增信给予风险补偿
	《赣江新区建设绿色金融改革创新试验区实施细则》	设立结构化绿色产业担保基金,建立绿色项目投资风险补偿制度
	《萍乡市加快发展绿色金融的实施意见》	设立风险补偿金,建立专业化绿色担保机制
	《九江市"十三五"节能减排综合工作方案》	健全市场化绿色信贷担保机制
	《宜春市"十三五"节能减排综合工作方案》	健全市场化绿色信贷担保机制
	《抚州市人民政府关于加快发展绿色金融的实施意见》	建立绿色信贷担保机制
内蒙古	《内蒙古自治区人民政府关于构建绿色金融体系的实施意见》	引导融资担保机构优先向绿色领域配置担保资源,对符合要求的绿色环保项目、绿色创业创新企业和绿色农牧业予以优先支持,鼓励政策性担保机构为企业绿色债券提供担保,降低绿色债券的融资成本,设立绿色融资担保基金
	《鄂尔多斯市构建绿色金融体系实施方案》	建立专业化绿色担保机制,设立绿色融资担保基金
	《乌兰察布市人民政府关于构建绿色金融体系的实施意见》	建立绿色融资担保体系
宁夏	吴忠市《缓解企业融资难题金融支持实体经济发展的意见》《绿色金融服务实体经济方案》	构建政府担保平台,设立风险补偿基金
	《自治区支持九大重点产业加快发展若干财政措施(暂行)》	支持政府性融资担保机构增强资本实力,建立完善风险补偿长效机制,将国家融资担保基金再担保合作业务规模增加到 50 亿元;支持政府性融资担保机构将保费收取平均标准降低至 1% 及以下,对符合条件的融资担保业务,自治区财政按年担保贷款额给予最高 2% 的补助,单个机构补贴上限提高至 2000 万元

省份	政策名称	相关举措
青海	《"金融支持青海绿色经济发展信息共享系统"建设总体方案》	提供风险补偿,设立担保基金
	省金融办《关于支持绿色金融发展的实施意见》	设立绿色金融风险补偿资金
	人民银行西宁中心支行等部门《关于发展绿色金融的实施意见》	构建绿色信贷担保政策体系
	《海西州绿色信贷风险补偿管理办法》	进行风险补偿
	《关于全面推进普惠金融综合示范区试点工作的实施意见》	设立扶贫贷款和绿色信贷的配套风险补偿资金
	《青海省"十四五"金融业发展规划》	支持银行业金融机构加强与优质民营融资担保、再担保机构的合作,加强增信支持,强化融资能力,更好地发挥支农支小作用
山东	青岛银监局《关于加强绿色金融服务的指导意见》	建立风险补偿和奖励机制
	《2018 年济宁市绿色金融发展攻坚行动实施方案》	建立绿色信贷风险补偿机制
陕西	《安康市绿色金融示范市建设工作方案》	建立绿色信贷风险补偿机制,设立安康绿色担保基金
	《西安丝绸之路金融中心发展行动计划(2020—2022 年)》	完善绿色保险制度
	《陕西省人民政府关于印发加快建立健全绿色低碳循环发展经济体系若干措施的通知》	设立绿色产业发展投资基金
四川	《四川省绿色金融发展规划》	建立风险分担和补偿机制,设立绿色信贷风险补偿基金
	《成都市人民政府办公厅关于推动绿色金融发展的实施意见》	用好用活现有中小企业风险补偿和信用增进政策,向绿色企业和绿色项目倾斜
	《泸州市人民政府办公室关于印发构建绿色金融体系的实施意见的通知》	建立风险分担和补偿机制,探索设立绿色信贷风险补偿基金

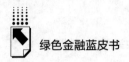
续表

省份	政策名称	相关举措
四川	《德阳市加快推进绿色金融发展实施方案》	建立绿色金融风险分担和补偿机制
	《绵阳市创新绿色金融服务实施意见》	发挥好现有贷款风险补偿基金作用,通过风险分担和补偿机制,引导金融资源向绿色项目倾斜
	《广元市推进绿色金融发展实施意见》	探索设立绿色信贷风险补偿基金
	《内江市绿色金融发展规划》	设立绿色信贷风险补偿基金,将绿色债券违约纳入风险补偿基金
	《南充市绿色金融发展规划》	建立绿色债券违约风险分担机制,设立绿色信贷风险补偿基金
	《眉山市绿色金融发展实施方案》	探索设立绿色信贷风险补偿基金
	《广安市绿色金融发展规划》	探索设立绿色信贷风险补偿基金
	《关于达州市推进绿色金融发展的实施意见》	探索设立绿色信贷风险补偿基金
	《雅安市推进绿色金融发展实施意见》	设立绿色信贷风险补偿基金
天津	《构建天津市绿色金融体系实施意见》	引导基金、期货、融资担保等机构为符合条件的企业和绿色项目提供优质服务
	《天津市金融业发展"十四五"规划》	积极推动国家融资担保基金、市融资担保发展基金、政府性融资担保机构和金融机构风险分担机制落实
新疆	新疆维吾尔自治区发布《构建绿色金融体系的实施意见》	健全由政府、银行、企业和专业担保机构等多方参与的风险补偿、增信和担保机制,鼓励融资担保公司通过再担保、联合担保以及与保险相结合等多种方式,降低绿色项目融资成本
	《新疆维吾尔自治区哈密市、昌吉州和克拉玛依市建设绿色金融改革创新试验区总体方案》	建立绿色项目合理的投融资风险补偿制度
	《伊犁州构建绿色金融体系的实施方案》	建立、健全由政府、银行、企业和专业担保机构等多方参与的风险补偿、增信和担保机制

续表

省份	政策名称	相关举措
浙江	《浙江省湖州市、衢州市建设绿色金融改革创新试验区总体方案》	建立绿色项目合理的投融资风险补偿制度
	《湖州市人民政府办公室关于湖州市建设国家绿色金融改革创新试验区的若干意见》	政府出资组建政策性融资担保机构,重点支持绿色小微企业发展,建立完善风险补偿机制
	《浙江省金融业发展专项资金管理办法》	对银行业金融机构小微企业贷款、农业贷款及绿色贷款给予风险补偿,补偿标准可按照不超过小微企业贷款和农业贷款增量的0.5%、绿色贷款余额的0.5%的比例进行;可对保险机构按照不超过小额贷款保证保险总额的0.5%的比例给予风险补偿
	衢州市《关于加快推进国家绿色金融改革创新试验区建设的若干政策意见(试行)》	建立绿色贷款风险补偿机制
重庆	《加快推进重庆市绿色金融发展行动计划(2017~2018)》	建立风险补偿机制
	《重庆市绿色金融发展规划(2017~2020)》	建立多元化绿色金融发展补偿机制
	《万州区绿色金融试点工作方案》	建立绿色项目投资风险补偿制度,通过担保和保险体系分散金融风险
吉林	《关于推进绿色金融发展的若干意见》	对为中小企业绿色信贷提供担保的第三方担保机构,按其中小企业绿色信贷担保贷款平均在保余额给予一定比例的风险补偿

资料来源:根据公开资料整理。

除了在综合性的政策中提及外,部分地区还出台了风险担保或补偿基金相关细则,明确担保支持范围、补偿奖励机制、财政专项资金规模等,进一步提升政策的可操作性。2018年6月,浙江省德清县印发《德清县金融引

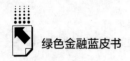

领绿色经济发展试验区建设的若干意见》，鼓励发展绿色融资担保业务，鼓励融资性担保公司创新产品、服务，重点支持绿色小微企业发展。对单个政策性融资担保机构享受年度业务补助最高不超过500万元、年度保费补助最高不超过100万元、代偿补助最高不超过100万元；对融资性担保公司进行风险补偿（含上级部门拨付的风险补偿金），单家融资性担保机构最高资助额不得超过200万元。2019年8月，江苏发布《江苏省绿色担保奖补政策实施细则(试行)》，鼓励担保机构对企业发行绿色债券进行担保，对为非金融机构发行绿色债券进行增信担保的机构，每只债券给予30万元奖励；对开展中小企业绿色集合债担保业务的机构，按出现代偿后实际损失金额的30%进行补偿。2020年1月，南京市江北新区发布的《关于进一步深化绿色金融创新促进绿色产业高质量发展的实施意见（试行）》中提出，对提供担保并成功为绿色企业实现融资的担保机构，按其担保业务的季度平均余额给予不高于2%的风险补偿。2020年4月，广州市黄埔区发布《广州市黄埔区、广州开发区促进绿色金融发展政策措施》，提出设立2000万元的绿色金融风险补偿资金池，为开展绿色信贷的银行业金融机构提供风险担保，按其本金损失金额的50%给予风险补偿；对为绿色债券提供担保的融资担保机构，出现代偿后按照实际发生损失金额的30%给予风险补偿。2021年9月，天津市政府办公厅印发《天津市金融业发展"十四五"规划》，提出积极推动国家融资担保基金、市融资担保发展基金、政府性融资担保机构和金融机构风险分担机制落实，持续加大对绿色低碳转型过程中产业、项目的金融支持力度和延伸服务广度。

四　绿色金融配套机制落实情况

由于信息披露制度不健全、项目认定技术壁垒较高等原因，地方金融机构与绿色融资主体在参与绿色金融实践过程中的沟通与对接仍存在一些障碍。为了降低绿色金融市场主体的沟通交流成本，更好地推动绿色金融政策落实，地方政府通过建设绿色金融配套设施、开展绿色金融学术及市场相关活动、构建绿色项目库等措施，加强金融机构、绿色企业与学术机构等不同市场主体的信息交互，对推动地方绿色金融发展发挥了较为积极的作用。

（一）绿色金融配套设施建设

1. 全国总体建设情况

绿色金融配套设施包括绿色金融小镇、绿色金融街、绿色金融服务中心等基础设施，该类设施可以促进绿色金融机构及绿色企业的集聚，加强绿色金融信息和市场资源的流动，提升地方对绿色金融市场主体的服务能力。

由于各地的制度保障和资源利用状况不同，当前绿色金融配套设施尚未在全国广泛应用。如图21所示，全国共13个省份有绿色金融配套设施，包括绿色金融小镇、绿色金融街、绿色金融服务中心等共17个，分别位于上海、广东、江苏、河北、河南、浙江、重庆、江西、福建、四川、贵州、海南、新疆。绿色金融改革创新试验区所在省份进度较快，其中广东已经建立了4家大型金融配套设施，在全国范围内较为领先（见表12）。

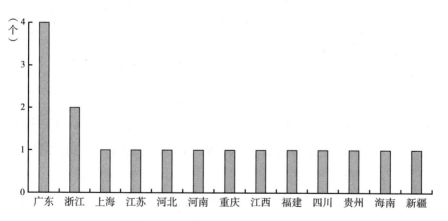

图21　全国各省份绿色金融配套设施数量（截至2021年12月）

资料来源：根据公开信息整理。

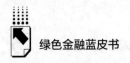

表 12　全国部分省份已有绿色金融配套设施建设情况（截至 2021 年 12 月）

省份	绿色金融配套设施	投入使用时间
上海	上海金融小镇	2017 年 3 月 10 日
广东	肇庆市特色小镇	2018 年 1 月 23 日
	广州市绿色金融街	2018 年 7 月 26 日
	广州南沙新区（自贸片区）	2020 年 4 月 20 日
	广东环境·资源金融服务中心	2020 年 6 月 28 日
江苏	泰兴市绿色金融创新服务中心	2020 年 5 月 6 日
河北	高碑店和谷智能科技小镇	2018 年 8 月 29 日
河南	河南省首批森林特色小镇	2019 年 12 年 31 日
浙江	浙江湖州太湖绿色金融小镇	2019 年 6 月 13 日
	湖州市南太湖绿色金融中心	2020 年 10 月 30 日
重庆	绿色金融大道	2021 年 6 月 24 日
江西	江西省共青城基金小镇	2021 年 4 月 25 日
福建	绿色金融小镇	2021 年 6 月 8 日
四川	绿色金融小镇	2018 年 1 月 18 日
贵州	贵安国际绿色金融港产业中心	2020 年 1 月 2 日
海南	海口绿色金融集聚区	2018 年 9 月 27 日
新疆	新疆绿色金融与科技创新管理中心	2019 年 8 月 31 日

资料来源：根据公开资料整理。

在第一梯队中，80%以上的省份已进行绿色金融配套设施建设；在第二梯队中，30%的省份已建设绿色金融配套设施；在第三梯队中，仅有10%的省份建设了绿色金融配套设施。不同梯队之间绿色金融配套设施的建设差别较大（见图22）。

以重庆绿色金融大道为例，总建筑面积约为60万平方米，计划建设"三区、三中心"，即绿色金融机构集聚创新区、绿色低碳示范街区、重庆金融历史文化展示区，以及绿色金融研究中心、绿色金融创新中心、绿色金融服务中心。重庆绿色金融大道的规划较为完整，不仅涉及研究中心和金融

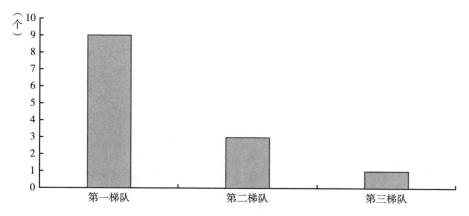

图 22　三个梯队中各自设有绿色金融配套设施的省份数量（截至 2021 年 12 月）

资料来源：中央财经大学绿色金融国际研究院地方绿色金融数据库。

服务中心，同时引进大量金融机构集聚创新。预计到 2025 年，重庆绿色金融大道将吸引 200 家相关机构入驻，包括绿色金融机构、绿色金融专业服务机构、金融历史博物馆、绿色金融成果展览馆、绿色项目融资路演中心等，为新经济、新产业、新业态提供发展空间和载体，完善区域绿色金融配套设施建设，全面助力重庆地区绿色金融发展。

（二）绿色金融学术与市场活动

1. 全国总体开展情况

绿色金融相关公开市场和学术活动包括金融研讨会、绿色金融国际论坛、绿金委工作会、市场主体针对绿色金融工作推出的各种座谈和工作讨论会，以及一系列绿色金融项目的启动活动。公开学术与市场活动一方面可以在群众、企业和学者之间建立沟通的桥梁，较好地普及绿色金融相关知识；另一方面还可从理论层面有效支撑政府部门、金融机构与企业开展绿色金融实践创新。

如图 23 所示，截至 2021 年 12 月，全国 31 个省份都公开举办了绿色金融学术或市场活动，共计 142 场，其中北京、江苏、浙江、江西、四川等省份举办的活动较多，北京与江西分别举办学术或市场活动 14 场和 12 场，明

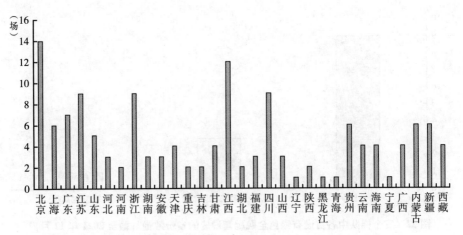

图 23　全国各省份举办公开学术或市场活动的数量（截至 2021 年 12 月）

资料来源：根据公开资料整理。

显领先。总体来看，按照 2021 年评价周期内绿色金融发展指数评价结果的梯队划分，居于第一梯队的省份，如广东、浙江、北京等，举办的学术或市场活动数量显著较多。第二梯队举办的学术或市场活动略少于第一梯队，而第三梯队举办学术或市场活动的次数略少于第二梯队。

2. 绿色金融相关研讨活动

为了对绿色金融的内涵及外延进行全面了解，加强对绿色金融政策体系的系统把握，开拓绿色金融实践创新思路，各省份开展绿色金融研讨等活动，针对不同的主体进行绿色金融相关知识宣传，或者进行绿色金融举措的推广与落实（见表 13）。从会议主题来看，涉及"双碳"目标下绿色金融政策解读、绿色金融国内最新发展现状、绿色金融与科技、绿色金融与碳金融产品创新、碳市场功能定位、绿色金融与乡村振兴等领域的内容较多。2021 年 9 月，2021 中国金融学会绿色金融专业委员会（简称"绿金委"）年会在北京举办，来自 70 多家中外机构的约 200 位专家学者到现场参会，42 万人在线上参加会议。在年会上，绿金委及其成员单位共发布了 14 项成果，其中包括：绿金委发布课题报告《碳中和背景下的绿色金融路线图研究》（摘要版）；工行成功发行首单跨境绿色 ABS；保尔森基金会绿色金融研究中心发布《金融科技支持绿色金融发展案例研究》；人民银行湖州市中心支行发布《绿色金融在湖州》及《湖州市绿色金融发展指数最新研究成果》；等等。在会议讨论环节，针对各地发展重点及区域特色，专家学者讨论了绿色金融改革创新试验区服务国家重大发展战略所取得的积极成效与未来愿景。在实现"双碳"目标的过程中，绿金委及其成员可以发挥自身优势，在政策倡导、学术研究、产品创新和国际合作等领域持续发力。2021年10月，江西省赣江新区举行绿色金融政银企对接会，旨在通过此次会议促进金融与产业精准对接，促进产业链、资金链、政策链深度融合，推进绿色金融助力实现"双碳"目标。

表 13 全国主要绿色金融相关活动

省份	相关活动	时间
北京	2013 首都绿色金融展会暨金融支持首都绿色发展融资对接会	2013 年 10 月 24 日
	北京绿色金融研讨会（2014）	2014 年 6 月 27 日
	京津冀及周边地区空气质量管理政策国际研讨会	2016 年 12 月 19 日
	2018 北京绿色金融国际论坛	2018 年 11 月 10 日
	2019 绿色金融项目对接会	2019 年 6 月 26 日
	2020 北京绿色金融研讨会	2020 年 1 月 14 日
	2020 年北京国际大都市清洁空气与气候行动论坛	2020 年 9 月 9 日
	2020 年绿色金融政策解读与项目对接会	2020 年 12 月 2 日
	金融支持绿色科技年会	2021 年 5 月 17 日
	2021 中国金融学会绿色金融专业委员会年会	2021 年 9 月 27 日
上海	长三角生态绿色一体化发展示范区重大项目对接会	2021 年 2 月 20 日
	长三角生态绿色一体化发展示范区交通环境发展研讨会	2021 年 4 月 1 日
	"上合组织 20 年：迈向绿色健康共同发展的命运共同体"国际研讨会	2021 年 5 月 18 日
	中国国际金融 30 人论坛第四届研讨会——开放·绿色·合作	2021 年 7 月 31 日
	第四届中国国际进口博览会配套活动"中日先进技术交流对接会"	2021 年 11 月 8 日

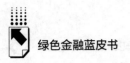
续表

省份	相关活动	时间
广东	绿色金融服务推进会	2019 年 7 月 16 日
	浦发银行 2019 年绿色金融高峰论坛	2019 年 8 月 9 日
	第七届深圳国际低碳城论坛	2019 年 8 月 29 日
	2019 华南垃圾分类与绿色金融高峰论坛	2019 年 9 月 19 日
	绿色金融改革创新论坛	2019 年 11 月 16 日
	广州-清远绿色金融及生态补偿合作发展研讨会	2019 年 11 月 18 日
	全国绿色金融改革创新试验区第二次联席会议和绿色金融推动绿色发展论坛	2020 年 1 月 15 日
江苏	2017 杜克国际论坛——绿色创造价值,促进中国绿色投资	2017 年 4 月 7 日
	江苏银行承办绿色金融主题论坛	2017 年 6 月 5 日
	"智汇长三角　融合新江北"——2018 年绿色发展及绿色金融国际高峰论坛	2018 年 8 月 17 日
	江苏省金融学会"绿色金融"学术沙龙	2018 年 9 月 10 日
	江苏省金融业联合会绿色金融专业委员会 2019 年第二次工作会议	2019 年 7 月 5 日
	江苏省金融业联合会绿色金融专业委员会 2019 年第三次工作会议	2019 年 11 月 15 日
	中国高校绿色金融研究联盟 2019 年会暨扬子江绿色产融发展高峰论坛	2019 年 12 月 4 日
	中国银行 2021 绿色金融之碳中和债推介会	2021 年 4 月 15 日
	第五届国际低碳(镇江)大会暨碳达峰碳中和 2021 金山峰会——绿色金融高端研讨会	2021 年 10 月 16 日
山东	首届中日韩绿色金融研讨会	2015 年 12 月 21 日
	2018 年山东省节能环保产业重点项目银企对接暨绿色金融政策宣讲会	2018 年 6 月 15 日
	中德节能诊断项目技术对接及绿色金融研讨会	2019 年 8 月 12 日
	青岛碳达峰碳中和研讨会	2021 年 4 月 30 日
河北	河北省第四届"环保与金融——绿色保险"论坛	2010 年 6 月 1 日
	河北省首届绿色金融主题论坛	2017 年 9 月 13 日
	"冀台同韵·美丽乡村"绿色发展主题论坛	2018 年 9 月 20 日
河南	全省重点排污行业绿色发展银企对接活动	2019 年 11 月 5 日
	支持服务民营企业绿色发展交流推进会	2019 年 11 月 15 日

续表

省份	相关活动	时间
浙江	中国绿色金融发展学术报告会	2017 年 12 月 22 日
	浙江绿色金融与产业发展研讨会	2018 年 8 月 17 日
	绿色金融助推绿色发展——湖州新生代企业家政协委员会客厅	2019 年 7 月 13 日
	2019 中国(湖州)绿色金融论坛	2019 年 11 月 8 日
	2019 绿色产业与绿色金融创新论坛	2019 年 12 月 26 日
	中国绿色金融改革创新研讨会	2020 年 12 月 16 日
	浙江省信用协会绿色金融与信用促进分会成立大会暨信用服务综合平台上线仪式	2021 年 5 月 12 日
湖南	中国绿色金融改革创新研讨会	2020 年 12 月 10 日
	"助推我省发展绿色金融"座谈会	2021 年 3 月 24 日
	"金融助力碳达峰碳中和"绿色投融资培训暨项目对接会	2021 年 10 月 19 日
安徽	绿色金融分论坛暨第二届新安江金融发展大会	2021 年 5 月 11 日
	"加快发展绿色金融 助力碳达峰碳中和"绿色研讨会	2021 年 6 月 10 日
天津	首届"天津绿色金融论坛"	2016 年 8 月 27 日
	第二届"天津绿色金融论坛"	2017 年 8 月 21 日
	防范金融风险维护金融安全创建文明校园——天津市首届绿色金融进校园系列活动	2017 年 10 月 30 日
	天津自贸区支持金融科技助力绿色金融研讨会	2021 年 7 月 27 日
重庆	渝中区成功举办合作共建重庆绿色金融大道暨政银企融资对接签约	2021 年 6 月 24 日
	中新互联互通项目联合实施委员会召开高层工作对接会第六次会议	2021 年 7 月 10 日
吉林	"绿色金融 开放吉林——外资银行吉林行"活动	2021 年 7 月 23 日
	人民银行辽源市中心支行举办绿色金融政策宣讲会	2021 年 12 月 29 日
甘肃	以"汇聚绿色金融动能助力兰州新区发展"为主题的 2019 绿色金融兰州高峰论坛	2019 年 12 月 22 日
	碳达峰碳中和与绿色金融发展战略研讨会	2021 年 4 月 19 日
	绿色金融工作推进座谈会	2021 年 5 月 12 日
	兰州新区绿色金融改革创新试验区建设两周年成果发布会	2021 年 12 月 16 日

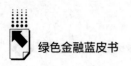
续表

省份	相关活动	时间
江西	江西省绿色金融行业自律机制2019年第一次会议	2019年3月12日
	"映山红行动"培训会(赣州专场)	2019年6月18日
	金融支持农业灾后恢复生产和绿色食品产业发展对接座谈会	2020年8月4日
	江西省绿色金融行业自律机制2020年第二次会议	2020年8月12日
	赣州绿色金融研究院揭牌仪式暨首届赣南苏区绿色金融发展论坛	2021年5月24日
	绿色金融政银企对接会	2021年10月22日
	章贡区召开绿色金融助力"碳达峰、碳中和"政策宣讲暨产融对接会	2021年12月17日
	九江市举办公共机构碳达峰碳中和知识讲座	2021年12月21日
	信丰县召开绿色金融推进"双碳"工作培训会	2021年12月23日
	信丰县举办绿色金融培训暨产融对接会	2021年12月29日
湖北	中日促进绿色低碳第三方市场合作研讨会	2021年7月29日
	武汉东湖信用论坛&绿色金融助力双碳经济发展高峰论坛	2021年12月7日
福建	福建省普惠金融和绿色金融工作推进会	2021年3月10日
	中国人民银行与国际货币基金组织联合召开"绿色金融和气候政策"高级别研讨会	2021年4月15日
四川	四川省金融学会第六次会员代表大会	2012年4月24日
	遂宁市绿色金融银政企对接会议	2017年10月19日
	2017中国(遂宁)绿色科技与绿色生活高峰论坛	2017年12月9日
	2018首届成都绿色金融高峰论坛	2018年1月1日
	四川省金融学会绿色金融专业委员会在成都组织举办绿色金融专题学术讲座	2018年7月10日
	绿兴天府——2019世界环境日绿色金融交流座谈会	2019年5月30日
	四川省级金融机构"雅安行"暨绿色金融发展政银企融资对接会	2019年10月22日
	2019第二届成都绿色金融高峰论坛	2019年12月13日
	以"绿色金融助力企业高质量发展"为主题的四川省绿色产业和绿色金融融资对接会	2020年2月19日

续表

省份	相关活动	时间
山西	大同市召开绿色金融规划框架研讨会	2016 年 10 月 13 日
	山西金控集团举办"山西金融发展研究院"揭牌仪式暨山西绿色金融专题论坛	2020 年 9 月 11 日
	山西省第二届"LP 与 GP 的对话"主题论坛	2021 年 6 月 24 日
辽宁	辽宁省实施绿色信贷情况通报新闻发布会	2013 年 6 月 15 日
陕西	陕西省绿色金融可持续发展高峰论坛	2018 年 1 月 31 日
	省发改委组织召开节能政策及技术推广培训活动	2020 年 12 月 2 日
黑龙江	2021 中国绿色金融发展峰会	2021 年 9 月 17 日
青海	省发展改革委召开 2019 年重点项目融资对接会	2019 年 7 月 26 日
贵州	贵安新区召开绿色金融创新研讨会	2017 年 8 月 21 日
	生态文明贵阳国际论坛 2018 年年会绿色金融论坛(贵安新区)	2018 年 7 月 6 日
	以"注入金融活水,灌溉贵安梦想"为主题的贵安新区绿色金融资本对话论坛	2018 年 8 月 25 日
	2019 数博会国际绿色金融科技创新论坛	2019 年 5 月 21 日
	"一带一路"绿色金融合作高端对话会	2019 年 10 月 15 日
	发展绿色金融　增强绿色效益——2021 年生态文明贵阳国际论坛绿色金融主题论坛	2021 年 7 月 12 日
云南	国家级经开区绿色金融对接交流会	2018 年 7 月 26 日
	首届普洱(国际)生态文明暨第四届普洱绿色发展论坛	2018 年 10 月 18 日
	"绿色金融政策与实践"交流研讨会	2021 年 9 月 29 日
海南	海南自由贸易港建设与绿色金融发展论坛	2021 年 5 月 8 日
	"国际金融体系绿色化——未来的挑战"专题国际研讨会	2021 年 10 月 15 日
	以"绿色华夏新标杆,江东发展新引擎"为主题的银企活动交流会	2021 年 12 月 24 日
宁夏	宁夏社科学术年会	2017 年 8 月 25 日
广西	绿色金融与绿色项目政金企对接会	2021 年 8 月 10 日
	以"发展绿色金融创新　促进经济转型升级"为主题的 2021 年柳州市绿色金融改革创新大会	2021 年 10 月 19 日
	南宁市发展和改革委员会召开绿色项目调研对接会	2021 年 10 月 20 日

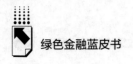

续表

省份	相关活动	时间
内蒙古	第八届内蒙古金融家与企业家大会	2016 年 12 月 17 日
	呼和浩特中心支行举办全区绿色金融发展研讨会	2018 年 3 月 15 日
	以"发展绿色金融·共创靓丽北疆"为主题的研讨会	2018 年 8 月 29 日
	内蒙古自治区企业境外发债及绿色债券专题研讨会	2019 年 4 月 13 日
	内蒙古自治区绿色债券推介对接会暨债券市场投资人交流会议	2019 年 7 月 17 日
	碳市场政策及绿色金融产品专题研讨会	2021 年 10 月 15 日
新疆	中巴经济走廊产融结合研讨会	2016 年 1 月 18 日
	自治区金融办举办"一带一路"金融知识和防控金融风险专题讲座	2018 年 7 月 31 日
	自治区国资系统防范系统性金融风险专题研修班	2019 年 8 月 26 日
	地方金融组织统计制度培训会	2021 年 4 月 21 日
	自治区科技厅举办碳达峰碳中和专题讲座	2021 年 5 月 20 日
	交通运输厅组织开展节能宣传周交通运输碳达峰碳中和知识讲座	2021 年 8 月 28 日
西藏	开展"碳中和碳达峰"专题辅导讲座	2021 年 5 月 28 日
	金融支持西藏高质量发展座谈会	2021 年 7 月 9 日
	以"绿色金融建设美丽林芝"为主题的专场政银企对接会	2021 年 9 月 8 日
	地勘处举办岩溶地质与碳中和讲座	2021 年 9 月 13 日

资料来源：根据公开资料整理。

（三）绿色项目库

构建绿色项目库，并实现绿色项目库动态化、规范化、程序化管理，能够在一定程度上降低金融机构的绿色识别成本。从形式来看，主要是由市级政府联合相关部门按标准推送当地绿色项目，通过制定绿色标准、建立绿色企业和项目筛选机制，形成区域统一、具有地方特色的绿色项目库。绿色项目库大多与绿色金融投融资标的选择相关，有利于规避市场上出现的"泛绿""洗绿"等问题，强化绿色资金监管，同时提高资金使用效率，可以成为支持区域绿色金融发展、服务绿色实体经济的有力载体。同时，部分地区会依据各项目的具体情况，结合地方特色对项目的绿色评价体系或绿色评级方式调整侧重点。

如表 14 所示，截至 2021 年 12 月底，全国已经有 16 个省份建成绿色项目库，全国绿色项目库总数量为 27 个。第一梯队省份的绿色项目库数量明显居前，其中，新疆建成绿色项目库数量最多，达到 4 个，河南、天津等 15 个省份还处于空白阶段。2021 年全国绿色项目库新增 3 个，分别是江苏的苏州绿色低碳综合金融服务平台、扬州市绿色金融服务平台和河北的邢台市绿色金融综合服务平台。此外，绿色金融改革创新试验区所在省份在绿色项目库建设方面同样较为领先，已建成绿色项目库 14 个，占全国绿色项目库数量的 51.85%。《贵州省绿色金融项目标准及评估办法》《贵州省绿色金融支持的重大绿色项目评估办法》为绿色金融项目制定了产业标准，贵安新区也通过构建贵州省及西南地区绿色金融项目库，实现了绿色金融项目从筛选、认证、设计、推出到落地的规范化，绿色项目库已经成为绿色金融改革创新试验区促进绿色金融发展的重要抓手。

表 14　全国已建成绿色项目库（截至 2021 年 12 月）

省份	已建成绿色项目库
北京	北京环境交易所绿色项目库 *
广东	花都区绿色项目库 打好污染防治攻坚战专项资金（绿色发展用途）项目库
江苏	苏州绿色低碳综合金融服务平台 扬州市绿色金融服务平台
山东	山东省绿色制造项目库
河北	邢台市绿色金融综合服务平台
浙江	浙江省绿色制造系统集成项目库 湖州绿色项目库 绍兴市绿色制造体系项目库
湖南	绿色发展重点项目库 岳阳市绿色项目库
安徽	安徽省绿色发展重点项目库

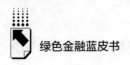
续表

省份	已建成绿色项目库
重庆	绿色投融资项目库 两江新区绿色金融项目库
甘肃	武威市绿色项目库 嘉峪关市绿色生态产业发展重点项目库
江西	赣江新区绿色项目库
湖北	绿色发展项目建设库
四川	"绿蓉融"绿色金融超市
山西	绿色制造体系项目库
贵州	贵州省绿色金融项目库 贵安新区绿色金融项目库
新疆	新疆绿色金融数据库服务平台 哈密市绿色项目库 昌吉州绿色项目库 克拉玛依市绿色项目库

＊北京环境交易所现已更名为北京绿色交易所。

资料来源：根据公开资料整理。

　　绿色金融改革创新试验区的相关实践具有代表性。2018 年 1 月，新疆绿色金融改革创新试验区绿色项目库发布，这也是绿色金融改革创新试验区首批绿色项目库，中国金融学会绿色金融专业委员会与自治区绿色金融改革创新试验区工作领导小组办公室以及第三方评估机构经过多次评估，初步制定统一的绿色项目库填报标准，并对哈密市、昌吉州、克拉玛依市 3 个绿色金融改革创新试验区工作领导小组办公室及相关人员进行了专项培训，通过多方共同努力，形成新疆绿色项目库，定期发布绿色项目信息，为全国绿色项目库提供规范的"新疆样本"①。2018 年 9 月，江西赣江新区绿色项目库在江西省绿色金融政银企对接会上首次发布，赣江新区财政金融局在 2021 年组织开展了新区第 5 批绿色项目筛选工作，项目涵盖了绿色照明改造、绿

① 新疆网：《新疆绿色金融改革创新试验区建立绿色项目库》，https：//www.cnfin.com/greenfinance-xh08/a/20180118/1745484.shtml，2018-01-18。

色建筑材料制造、装配式建筑、大气污染防治装备制造、绿色建筑、园林绿化、污水处理、环境保护、分布式能源工程建设等众多绿色领域[①]。2019年5月，浙江湖州市在2019中国金融学会绿色金融专业委员会年会上正式上线年度成果之一——绿色融资主体认定评价系统（以下简称"绿信通"）。"绿信通"是湖州市绿色金融改革创新试验区建设的重点任务，旨在引导金融资源支持绿色企业、绿色项目发展，是推动绿色金融政策落地的重要保障。为解决绿色融资主体定义缺失、绿色融资认定标准落地难、绿色融资主体认定信息不对称等问题，"绿信通"已实现绿色认定"三化"目标：精准化、自动化、可视化。首先，系统与浙江省、湖州市大数据管理局对接，整合了环保行政处罚、环境行为信用评价、清洁生产、科技创新等数据，确保了认定评价的精准度；其次，按照能取尽取的原则，系统实现了近50%的评价数据可自动抓取、自动判断、自动打分，实现了认定评价流程从传统手工打分模式到IT数据系统模式的转变；最后，经系统认定评价操作后，即可输出认定结果，获得企业（项目）绿色等级[②]。

（四）绿色金融市场战略合作

绿色金融市场战略合作是加快发展节能环保产业的重要举措，可以将更多金融活水引向实体经济，更好地发挥不同部门之间的协同效应，推动绿色金融支持绿色发展。绿色金融政策从制定到落实亟须非政府主体积极参与，除金融机构以外，能源、化工、交通等传统行业亟待转型，同时，林业碳汇、海洋碳汇、碳捕集等负碳产业快速兴起，各行各业逐渐成为"双碳"目标下绿色金融的重要参与者。绿色金融政银企战略合作可以精准对接绿色金融需求、加快消除信息壁垒、有效控制绿色金融风险，是加快绿色金融实

[①] 江西赣江新区网：《赣江新区第五批绿色项目清单公布》，http://www.gjxq.gov.cn/art/2021/6/28/art_42022_3455647.html，2021-06-28。

[②] 湖州市人民政府金融工作办公室：《湖州市发布首个绿色融资主体认定评价信息系统"绿信通"》，http://jrw.huzhou.gov.cn/art/2019/7/4/art_1229209959_54595867.html，2019-07-04。

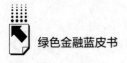

践创新的重要方式。

截至 2021 年 12 月，全国范围内所有省级政府都与至少一个市场主体（企业或非营利机构）围绕绿色金融开展了战略合作。但省级以下层面达成战略合作的则较为有限，其中表现最好的为江西省，有 15 个省级以下政府至少与一个市场主体有战略合作关系，其次是广东省（见图 24）。

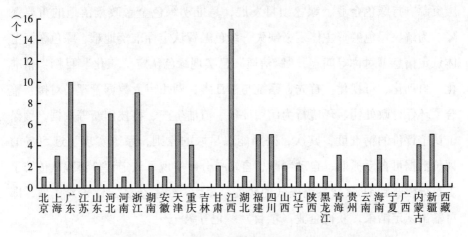

图 24　已与至少一个市场主体开展战略合作的省级以下政府数量
（截至 2021 年 12 月）

资料来源：根据公开资料整理。

内蒙古自治区与兴业银行开展的绿色金融市场战略合作是带动绿色金融快速发展的典型案例。2017 年 7 月，为贯彻落实中国人民银行等七部委《关于构建绿色金融体系的指导意见》和《内蒙古自治区人民政府关于构建绿色金融体系的实施意见》精神，自治区政府与兴业银行签订了《构建绿色金融体系》战略合作协议，兴业银行在"十三五"期间为内蒙古提供各类绿色融资 300 亿元，为各类企业单位提供直接融资承销服务 300 亿元。此后，兴业银行以绿色金融服务为切入点，与自治区开展包括基础设施与城镇化建设、产业转型升级、高端装备制造等方面的合作，为自治区累计提供各项绿色融资 371.6 亿元，履约率达 123.87%。提供直接融资承销服务 418 亿元，履约率达 139.33%，其中该行承销份额 312.5 亿元，超额完成了协议约定目标。截至 2020 年末，兴业银行在内蒙古的绿色金融融资余额达 255 亿元①。

五　绿色金融配套能力建设情况

（一）绿色金融专业委员会等官方机构

绿色金融专业委员会等官方机构是我国绿色金融体系的重要部分。在省级层面，如表 15 所示，截至 2021 年 12 月底，全国已有 15 个省份设立了省级绿色金融专业委员会、协会等官方机构，共计 20 个。

第一梯队的 11 个省份均已成立省级层面的绿色金融专业委员会、协会等官方机构。北京于 2011 年建立全国首个绿色金融专业协会——北京绿色金融协会，2015 年中国金融学会绿色金融专业委员会正式设立，总部设于北京。第二梯队与第三梯队设立数量差异不大。第二梯队中甘肃、重庆两个省份均于 2017 年设立绿色金融专业委员会，第三梯队中青海、内蒙古分别于 2015 年、2016 年设立相关机构。

从绿色金融改革创新试验区来看，自确立全国六省九区绿色金融改革创新试验区以来，各试验区所在省份已积极建立相关机构，负责协助当地绿色金融改革工作统筹推进。

表 15　全国各省份绿色金融专业委员会等官方机构概况

省份	名称	成立年份
北京	中国金融学会绿色金融专业委员会	2015
	北京绿色金融协会	2011
广东	广东金融学会绿色金融专业委员会	2017
江苏	江苏省金融业联合会绿色金融专业委员会	2018
	江苏省银行业协会绿色金融专业委员会	2021

---

① 新华网：《新增 500 亿绿色融资兴业银行助力内蒙古守护北疆亮丽风景线》，https：//baijiahao. baidu. com/s？id＝1697435645790078729&wfr＝spider&for＝pc。

续表

省份	名称	成立年份
山东	山东省节能协会绿色金融专业委员会	2017
	山东省金融学会绿色金融专业委员会	2018
浙江	浙江省绿色金融与信用促进协会	2021
	浙江绿色金融专业委员会	2016
重庆	重庆市金融学会绿色金融专业委员会	2017
甘肃	甘肃省金融学会绿色金融专业委员会	2017
江西	江西省金融学会绿色金融专业委员会	2017
福建	福建省银行协会绿色金融服务专业委员会	2017
四川	四川省金融学会绿色金融专业委员会	2021
贵州	贵州省金融学会绿色金融专业委员会	2019
内蒙古	内蒙古金融行业协会绿色金融专业委员会	2016
新疆	新疆金融学会绿色金融专业委员会	2017
上海	陆家嘴金融城理事会绿色金融专业委员会	2017
	陆家嘴绿色金融发展中心	2017
青海	青海省银行业协会绿色信贷业务专业委员会	2015

资料来源：根据公开资料整理。

部分地区在市级层面建立了绿金委或绿色金融工作小组。如表16所示，截至2021年底，全国共有6个省份设立9个市级绿色金融专业委员会等官方机构。从三大梯队来看，除大连市绿色金融委员会外，其余市级绿色金融专业委员会等官方机构所在省份均处于第一梯队。在六省九区绿色金融改革创新试验区所在省份中，浙江、广东、江西已下沉扩展至在市级建立绿色金融专业委员会，其他省份的相关工作仍处于筹备阶段。

表16　市级绿色金融专业委员会等官方机构概况

省份	名称	成立年份
北京	北京市朝阳区国际绿色经济协会	2013
浙江	台州市银行业协会绿色金融专业委员会	2021
	湖州市银行业协会绿色金融专业委员会	2017
	衢州市金融学会绿色金融专业委员会	2018

省份	名称	成立年份
广东	深圳经济特区金融学会绿色金融专业委员会	2017
	广州市绿色金融协会	2020
江苏	南通市银行业协会绿色金融专业委员会	2018
江西	新余市绿色金融专业委员会	2019
辽宁	大连市绿色金融委员会	2021

资料来源：根据公开资料整理。

（二）绿色金融研究机构

绿色金融研究机构对于我国绿色金融发展有积极作用。当前，各省份积极推进当地现代化绿色金融智库建设，为绿色金融政策制定、制度完善与市场实践培养与储备人才资源。

截至 2021 年 12 月，除少数省份尚未设立绿色金融相关研究机构外，其余 20 个省份均已设立 1 个及以上绿色金融相关研究机构，累计数量 46 个（见表 17），相较于 2020 年新增 23 个。

从地理区位来看，研究机构集聚化效应明显，在京津冀、长三角、粤港澳等经济集聚地区较为集中，同时研究机构数量整体呈由东向西逐渐递减的现象。其中，北京研究机构数量多达 8 个，依托清华大学、中央财经大学、中国人民大学等高校科研力量，组建形成针对绿色金融、气候金融等多领域的研究机构。长三角地区以上海、浙江、江苏为中心，依托经济核心地段与活跃的金融市场吸引大量金融机构或研究中心在此设立绿色金融研究机构或分支部门。其他地区基于当地政府政策、市场环境、学术研究需求，由政府与金融机构合作建立绿色金融研究院，并通过开展课题研究、业内交流等活动，发挥智库的政策研究和人才培养功能。

从三大梯队来看，第一梯队中除四川与新疆外，其余省份均已设立绿色金融相关研究机构，其中大部分省份成立了 2 个及以上相关研究机构。在第二梯队中，甘肃、山西、重庆、河北、天津等设立了 1~2 个绿色金融相关

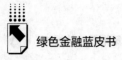

研究机构。第三梯队绿色金融研究机构的数量略少于第二梯队，仅青海、内蒙古、广西、海南有所行动，吸引部分金融机构或由政府指导设立了绿色金融或碳中和相关研究院。其中海南表现较为突出，设立了 3 个研究机构，涵盖绿色金融、碳金融、绿色产业。

表 17　全国各省份绿色金融研究机构设立情况（截至 2021 年 12 月）

省份	绿色金融研究机构
北京（8 个）	中央财经大学绿色金融国际研究院 清华大学国家金融研究院绿色金融研究中心 中国人民大学生态金融研究中心 中国矿业大学绿色金融研究中心 北京市朝阳区永续全球环境研究所 对外经济贸易大学国际低碳研究所 绿色金融发展研究中心 北京绿色金融与可持续发展研究院
上海（3 个）	绿色金融合作中心 复旦-衢州绿色金融研究实践基地 复旦大学绿色金融研究中心
广东（4 个）	广州绿色金融研究院 广东省华南低碳产业发展研究院绿色金融研究中心 深圳市绿色金融科技研究院 广州市绿色金融协会气候投融资交流中心
江苏（5 个）	协鑫金控-绿色金融研究院 昆山杜克大学绿色金融研究中心 中研绿色金融研究院 东南大学长三角碳中和战略发展（苏州）研究院 清华苏州环境创新研究院
山东（2 个）	农业银行绿色金融研究院 中国农业银行绿色金融发展研究院
河北（2 个）	河北金融学院绿色金融国际研究中心 河北经贸大学绿色金融研究所
浙江（4 个）	长三角绿色价值投资研究院 浙江大学衢州绿色金融研究院 湖州南太湖绿色金融与发展研究院 中国银河证券研究院长三角绿色金融研究中心

省份	绿色金融研究机构
湖南（2个）	湖南绿色发展研究院 中南大学绿色金融研究中心
天津（2个）	天津市碳中和与绿色金融研究中心 北方新金融研究院
重庆（1个）	重庆高级金融研究院
甘肃（2个）	兰州大学绿色金融研究院 甘肃省金融学会绿色金融研究中心
江西（1个）	赣江绿色金融研究院
湖北（1个）	恩施产业绿色发展研究院
福建（1个）	福建绿色发展研究院
山西（1个）	山西省碳中和研究院
青海（1个）	兰州大学绿色金融研究院
贵州（1个）	国研经济研究院（贵安）西南分院
海南（3个）	海南省绿色金融研究院 海南省碳达峰碳中和研究会 海南低碳经济政策与产业技术研究院
广西（1个）	柳州绿色金融研究院
内蒙古（1个）	鄂尔多斯碳中和研究院

资料来源：根据公开信息整理。

（三）绿色金融培训活动

绿色金融培训活动有效促进了绿色金融基础知识的普及与成果的推广应用。当前全国大部分地区注重绿色金融知识普及与能力建设，通过持续与金融机构、学术智库开展联合培训，深化政府、金融机构、企业对绿色金融政策和发展战略的理解，提升当地对绿色金融的认识，并在此基础上依托各地政府的政策指引与宣传口径进行推广，以期拓展绿色金融应用面，提升服务各类实体经济和产业的能力。如表18所示，截至2021年底，全国共有22

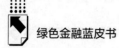

个省份举办 61 场绿色金融相关培训，其中江西作为国家绿色金融改革创新试验区所在省份，举办了 15 场培训，为全国最多。

从各省份绿色金融培训活动开展数量的梯队分布来看，第一梯队除福建外，其余省份政府机关均于 2021 年开展了绿色金融相关培训活动，主题丰富性与培训频率显著高于第二和第三梯队，除基础理念普及外，还包含专业技术层面的培训。第二与第三梯队的整体表现差异不大，相关培训仍有待增加。

从国家绿色金融改革创新试验区来看，全国六省九市绿色金融改革创新试验区均对绿色金融培训较为重视，2021 年开展多场次、多领域培训，同时紧随行业前沿研究成果与国家政策导向安排培训主题，其中不乏碳中和、绿色金融支持乡村振兴等内容。北京、上海等也开展了多次多样化培训活动，有效传播绿色金融知识与低碳理念，强化绿色金融理论与市场能力建设。

从培训主题来看，2021 年绿色金融培训既包含基础性环保知识普及，也包含更具专业性的促进绿色金融投融资、支持产业碳中和的讲座、研讨。

表 18　全国政府机关开展绿色金融培训相关活动统计（截至 2021 年 12 月）

省份	绿色金融培训活动	活动主题或领域
北京	江西省碳排放权交易企业高层培训会（北京和江西发改委联合承办）	推动碳市场建设,分享北京碳市场经验
	宁夏碳排放权交易能力建设培训班	加强碳排放交易能力建设
	首都金融人才高级研修班	构建绿色金融体系
	首都金融服务商会绿色金融线上讲座	国内外绿色金融和 ESG 情况
	中国人民银行绿色金融研修班	绿色金融前瞻性教学和实操性教学
	绿色金融公益直播讲座	绿色金融相关理念传播
	中国绿色金融高级研修班暨森林康养金融研讨班	科技+创新+融合

省份	绿色金融培训活动	活动主题或领域
上海	"双碳战略下的绿色金融"专题研讨会	碳中和、碳达峰战略下的绿色金融情况
	长三角生态绿色一体化发展示范区首批3项技术规范宣贯培训会	3项技术规范制定情况和知识普及
	重固镇绿色社区创建工作培训	创建"6+29"工作模式
	"金融零距离助力中小微"专场金融培训会	金融助力中小微企业发展
	虹口区曲阳街道绿色社区创建专题培训	绿色社区创建普及和工作部署
	金山区农技中心绿色种养循环试点工作专业技术培训	推动绿色种养循环试点工作
广东	大鹏新区"绿色示范工地"创建培训会	绿色示范工地创建说明
	南山区2022年度节能宣传周活动暨南山特色"双碳"助力工业领域绿色发展培训会	推进双碳建设,加强企业节能管理和节能技术的应用
	《中华人民共和国噪声污染防治法》专题培训会	推动噪声防治工作
江苏	绿色金融创新与江北新区"两城一中心"产业发展专题系列培训	绿色金融创新与产业发展
山东	莱芜市绿色金融政策与实务培训班	绿色金融政策培训
	日照市绿色金融推进暨业务培训会	推动绿色金融创新发展
河北	河北省工业节能与绿色发展工作培训	节能与绿色发展普及
河南	碳中和债券发行线上培训会	提高全省企业对碳中和债的认知
浙江	"绿色金融探索与实践"专题培训讲座	绿色金融知识普及与实操教学
	湖州银行业绿色金融实务培训班	绿色金融知识普及
	金融机构绿色信贷支持乡村振兴专题培训班	绿色金融推动乡村发展
	衢州市人民政府金融工作办公室2019年度部门决算	开展3次绿色金融培训,普及知识
重庆	永川中心支行绿色金融发展培育会和推进会	推进绿色金融理念普及
甘肃	"绿色金融"培训会	绿色金融基础理念培训
	绿色金融发展政策与实务培训会	推进绿色金融改革创新试验区工作
	绿色金融暨融资政策培训宣讲会	推进兰州新区绿色金融改革工作

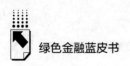

省份	绿色金融培训活动	活动主题或领域
江西	"映山红行动"培训会	企业绿色转型和绿色生态板块启动
	2019 年度绿色金融实务培训班	培养绿色金融专业人才队伍
	江西省绿色金融创新发展专题培训班	提升干部的绿色金融能力,推广绿色金融相关经验
	宜春市绿色债券专题培训会	普及绿色债券知识
	九江共青城市绿色金融知识培训会	普及绿色金融知识
	萍乡市绿色金融知识专题培训	绿色金融知识专题培训
	鹰潭市绿色金融培训会暨绿色项目融资对接会	解读绿色金融文件,部署相关工作
	赣县区"绿色金融"工作调度会	赣江新区绿色金融发展经验分享总结
	石城县绿色金融专题培训会	普及绿色金融知识
	永修县绿色金融暨企业挂牌上市业务培训会	拓宽企业融资渠道
	上饶市绿色金融发展暨绿色贷款统计业务培训工作会议	强化绿色信贷工作
	绿色金融"双碳"工作现场会暨产融对接活动	提升绿色金融服务实体经济水平
	定南县绿色金融工作座谈会	解读绿色金融考核指标体系
	信丰县绿色金融推进"双碳"工作培训会暨产融对接活动	推进双碳战略培训
	信丰县绿色金融培训暨产融对接会	推进金融机构与实体经济结合
四川	阿坝州"绿色金融助力长江黄河上游生态保护和高质量发展"专题培训	推进"双碳"战略和黄河流域生态保护
山西	山西绿色创新投资项目培训班	加快政府、企业、银行合作以推进绿色金融发展
	山西省应对气候变化能力建设培训会	应对气候变化工作部署
	生态环境部第四期第二场碳市场配额分配和管理系列培训	普及碳排放权交易市场
	能源革命和绿色金融专题讲座	国际视角下的能源革命和绿色金融
陕西	节能政策及技术推广培训活动	节能知识与技术普及
黑龙江	2020 年信贷管理专题会议	介绍对公信贷经营管理和绿色金融业务
青海	2021 年青海银行业保险业绿色金融座谈会	分享绿色金融经验
贵州	贵州省绿色金融服务实体经济专题培训	绿色金融与经济实体发展

省份	绿色金融培训活动	活动主题或领域
云南	"碳达峰、碳中和背景下的绿色金融业务发展机遇及策略"专题培训	"双碳"战略下的绿色金融发展
宁夏	碳排放权交易工作能力建设暨重点企业2016、2017年度碳核查启动会	推进企业绿色转型
广西	绿色金融贷项目指导培训班	梳理绿色金融融贷融资方向
新疆	"防范系统性金融风险"优秀企业经营管理人才培训班	提升国企领导人对当前经济形势的判断力
	2021年节能宣传周暨低碳日宣传活动	绿色金融培训与节能技术推广
	碳达峰碳中和能力建设专题培训	"双碳"能力建设培训
西藏	"碳中和碳达峰"专题辅导讲座	"双碳"战略与环保理念
	岩溶地质与碳中和讲座	西藏岩溶地质与碳储存

资料来源：根据公开资料整理。

六　地方政府财政支出与资金投入情况

（一）地方财政支出：节能环保支出占比

本报告选取"地方财政支出：节能环保支出占比"指标来衡量政府在绿色金融方面的资金投入规模，由于国内绝大部分节能环保项目的资金来源主要为地方财政支出，因此，该指标可以直接体现地方政府对节能环保的支持水平。节能环保支出占比排名靠前的省份多为资源型和工业型省份，它们有较大的节能环保需求，且金融条件有限，因此需要政府投入较多的财政资金以实现节能减排的目标。

近年来，国家在财政支出方面，把生态环保、绿色发展作为重点关注领域，财政投入每年都在增加。根据财政部释义，节能环保支出主要包括环境保护管理、环境监测监察、污染治理、自然生态保护、天然林保护、退耕还林、能源节约利用、污染减排、可再生能源与资源综合利用等方面的支出。生态环境资源为具有较强正外部性的公共产品，作为政府改善环境质量的重要手段，节能环保支出的规模、结构及其使用绩效等直接影响着生态环境的改善情况①。"十三五"期间，我国注重经济手段在生态环境保护领域的创新与应用，初步形成了以市场手段推动生态环境保护的动力机制。"十四五"时期是我国深入推进生态文明建设的关键期，随着国家加大长江流域生态环境修复、黄河流域生态保护和高质量发展力度，以及陆续启动重点区域污染防治专项行动，环保市场将进一步向专业化、细分化调整，危废处理、环境修复和环境监测等新兴领域的市场空间将加速释放，有望成为推动环保产业高质量发展的突破口。

近年来，政府对环保节能领域的重视程度显著提高，大多数省份在节能环保领域的地方财政支出额都有大幅的增加，其支出额占比也均有不同程度的提高。如图 26 所示，2020 年，在节能环保领域投入最高的省份是贵州（915.27 亿元）。贵州作为绿色金融改革创新试验区所在省份，把工业绿色低碳转型作为贵州省"十四五"工业发展规划的重要内容，先后制定出台"十四五"工业节能、大宗工业固体废物综合利用等专项规划，着力构建工业绿色低碳转型与工业赋能绿色发展相互促进、深度融合的现代化产业格局，严格落实钢铁、水泥、平板玻璃等行业产能置换相关政策，有序化解过剩产能，坚决遏制"两高"（高能耗、高污染）项目盲目发展，推动工业高质量发展。同时，大力发展新兴产业，加快新能源汽车产业发展。节能环保支出占比排名前三的省份分别为内蒙古（18.38%）、贵州（15.99%）、黑龙江（10.06%），分别在地方绿色金融总体评价得分中居第 20 名、第 9 名、第 27 名，与上一评价周期节能环保支出占比排名前三的省份相比，比例均有较大提升。综合来看，内蒙古在节能环保领域支出不高，但由于其整体一般公共预算支出额较低，因此其占比较大，内蒙古作为我国北方重要生态屏障，需要把生态安全屏障建设和生态环境保护摆在重要位置；黑龙江在上一评价周期中节能环保支出占比第一，虽然在本评价周期内排名第三，但整体

---

① 潘国刚：《我国财政节能环保支出现状、问题及建议》，《金融财税》2020 年第 2 期。

比例有所提升，资金投入持续增加；贵州作为绿色金融改革创新试验区所在省份，节能环保支出占比排名在本评价周期内提升至全国前三。值得一提的是，上文提到贵州在节能环保领域投入的资金为全国第一，说明贵州以生态环境高水平保护推动经济高质量发展，地方政府对当地绿色发展给予充分支持。2020~2021年，贵州在全国污染防治攻坚战成效考核中获"优秀"等次，全省生态环境质量继续位居全国前列。

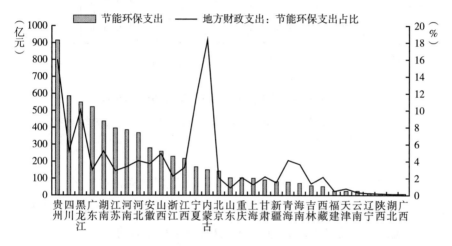

图26　全国各省份节能环保支出及占比（2020年）

注：截至交稿，仍有部分省份还未披露2021年数据，同时也为了与下文污染治理投资2020年数据形成对照，本部分采用各地方政府2020年预算执行情况数据。

资料来源：各地方政府关于2020年预算执行情况与2021年预算草案的报告。

（二）工业污染治理投资

工业污染主要是由工业生产中的"三废"（废水、废气、废渣）及各种噪声造成的，工业污染可分为废水污染、废气污染、废渣污染、噪声污染。工业污染治理投资是各省份每年用于工业污染治理的资金总额，既包括地方财政支出，也包括杠杆撬动的用于污染治理的社会资金，是体现各地通过绿色金融撬动社会资本进入绿色领域的重要指标之一。

如图27所示，从工业污染治理投资总额来看，2020年，经济发展相对发

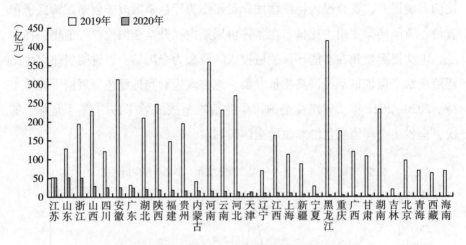

图27 全国各省份工业污染治理投资（2019~2020 年）

注：由于国家统计局尚未更新 2021 年相关数据，本图以 2019~2020 年为数据年份。

资料来源：国家统计局。

达的省份，如江苏、山东、浙江等，工业污染治理投资相对较多，投资总额分别为 53.13 亿元、51.95 亿元及 50.51 亿元，相对 2019 年来说投资总额有所下降，以上 3 个省份在地方绿色金融总体评价中排名靠前，均位于第一梯队，其中浙江、江苏分别为第 2 名和第 4 名。海南、西藏、青海、北京、吉林、湖南、甘肃、广西、重庆、黑龙江 10 个省份 2020 年在工业污染治理方面的投资额度在 5 亿元以下，其余大部分地区 2020 年的工业污染治理投资额为 10 亿~30 亿元。黑龙江的工业污染治理投资总额变化幅度较大，近年来黑龙江在工业污染治理领域开展大量工作。2020 年，黑龙江实施散煤污染治理"三重一改"攻坚行动，全省削减散煤 319.51 万吨，累计淘汰改造县级以上城市建成区 10 蒸吨及以下小锅炉 3302 台，实现超低排放煤电机组 106 台，治理"散乱污"企业 1454 家。2020 年，黑龙江全省单位 GDP 二氧化碳排放降低指标提前完成，全省有大兴安岭地区、逊克县 2 个国家低碳城市试点，齐齐哈尔高新区 1 个国家低碳工业园区试点，2020 年黑龙江在工业污染治理领域的投资出现较大的减少。从工业污染治理投资数据来看，各省份工业污染治理投资受各地经济发展水平、节能环保发展程度、环保重视程度与监管督察力度等因素的影响较大，投资占比及增长幅度有较大的差别。

工业污染主要集中在造纸、化工、钢铁、电力、食品、采掘、纺织等行业，随着工业的高速发展，随之而来的环境污染问题日益严重，但自 2017 年起中国工业污染治理投资额逐年下滑，2020 年中国工业污染治理投资额为 454.26 亿元，较 2019 年减少了 160.89 亿元，同比减少 26.15%。

在工业污染治理投入各领域占比方面，根据国家统计局数据，2020 年，废气治理投资额占全国工业污染治理投资额的 53.36%，占比最大；废水治理投资额占全国工业污染治理投资额的 12.63%；固体废物治理投资额占全国工业污染治理投资额的 3.81%；噪声治理投资额占全国工业污染治理投资额的 0.16%（见图 28）。2020 年，全国各省份工业污染治理投资主要集中在废气治理领域，其中投入最高的省份是江苏。近年来，江苏大气污染防治工作不断向纵深推进，空气优良率提升，PM2.5 浓度下降。为了推进生态文明建设，防治挥发性有机物污染，改善空气质量和生活环境，江苏省政府已于 2018 年发布《江苏省挥发性有机物污染防治管理办法》，结合国家统计局数据，可以看出江苏在废气治理方面的工作成效显著。

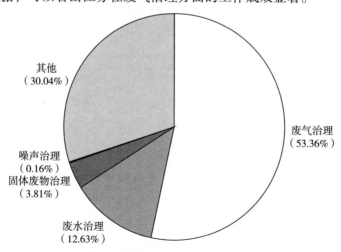

图 28　全国工业污染治理投入各领域占比（2020 年）

注：由于国家统计局尚未更新 2021 年相关数据，本图以 2020 年为数据年份。

资料来源：国家统计局。

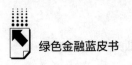

参考文献

孙秋枫、年综潜:《"双碳"愿景下的绿色金融实践与体系建设》,《经济学研究》2022 年第 1 期。

江苏省生态环境厅:《关于 2020 年绿色金融奖补资金审核情况的公示》,https://www. smejs. cn/policy_ show. aspx? id=11281,2020-06-03。

中国人民银行:《人民银行湖州市中心支行构建"再贷款+绿色信贷"管理模式》,http://hangzhou. pbc. gov. cn/hangzhou/2927497/3606319/index. html。

新疆网:《新疆绿色金融改革创新试验区建立绿色项目库》,https://www. cnfin. com/greenfinance-xh08/a/20180118/1745484. shtml,2018-01-18。

江西赣江新区网:《赣江新区第五批绿色项目清单公布》,http://www. gjxq. gov. cn/art/2021/6/28/art_ 42022_ 3455647. html,2021-06-28。

湖州市人民政府金融工作办公室:《湖州市发布首个绿色融资主体认定评价信息系统"绿信通"》,http://jrw. huzhou. gov. cn/art/2019/7/4/art_ 1229209959_ 54595867. html,2019-07-04。

潘国刚:《我国财政节能环保支出现状、问题及建议》,《金融财税》2020 年第 2 期。

B.4
地方绿色金融市场效果评价报告*

施懿宸　万秋旭　汪洵**

摘　要： 地方绿色金融市场表现是我国绿色金融发展效果的直接体现，目前，在"双碳"进程中，绿色金融的需求和供给都显著增加，绿色金融面临更大的发展机遇。在2021年评价周期内，在中央及地方政策引导下，面对社会经济绿色转型的迫切需求，一方面，金融机构不断创新产品和服务模式，推出更加丰富的贷款品种，满足绿色产业多元化融资需求，为绿色低碳项目提供长期限、低成本资金，绿色信贷、绿色债券、绿色基金、绿色保险、环境权益等绿色金融产品规模不断扩大；另一方面，部分地方金融机构积极践行绿色发展理念，开展绿色金融产品创新，参与绿色金融国际合作，支持中国绿色金融体系建设。在银行领域，绿色信贷政策体系进一步完善，绿色信贷规模持续增长，截至2021年末，我国本外币绿色贷款余额15.9万亿元，同比增长33%，地方绿色银行分（支）行数量稳定增加。在证券领域，绿色债券市场保持快速增长。在2021年评价周期内，中国绿色债券市场加速扩容，境内外贴标绿色债券发行规模约为6031亿元（含资产证券化产品），同比增长64.51%。同时，上市绿色企业数量持续提升，上市企业的环境和社会风

---

* 本报告如无特殊说明，数据均来源于中央财经大学绿色金融国际研究院所建设的地方绿色金融数据库。本报告评价方法详细可参见本书技术报告。

** 施懿宸，中央财经大学绿色金融国际研究院高级学术顾问，中财绿指（北京）信息咨询有限公司首席顾问，研究方向为公司理财、资本市场实证、企业社会责任、绿色金融；万秋旭，中央财经大学绿色金融国际研究院研究员，研究方向为地方绿色金融、绿色产业；汪洵，中央财经大学绿色金融国际研究院研究员，研究方向为绿色金融、绿色产业。

险防范意识进一步增强。在绿色基金领域，在 2021 年评价周期内，全国共新增 121 只绿色基金，较 2020 年增长 26.04%，结束 2019 年和 2020 年连续两年的新增绿色基金数量下降趋势；PPP 模式与绿色项目特征较为匹配，在 2021 年评价周期内，各地方新入库绿色 PPP 项目数量保持稳定。在绿色保险领域，地方环境污染责任保险规模不断扩大，绿色保险产品创新成果显著。在环境权益领域，2021 年，全国碳排放交易市场正式上线，在经济绿色转型过程中，碳交易是我国实现"双碳"目标的重要抓手和工具。此外，用能权、排污权和水权交易以地方试点的模式稳步推进。在合作交流方面，近年来，地方机构进一步加强国内外绿色金融信息和市场资源交互，促进地方绿色金融市场的双向开放，我国参与国际公约的银行数量逐渐增多，体现出中国银行业等金融机构在绿色金融领域国际合作意识的增强。

关键词： 绿色金融工具　环境权益交易市场　绿色金融国际合作

一　绿色信贷发展评价

（一）绿色信贷政策体系进一步完善

我国绿色金融政策体系的不断完善推动着绿色金融业务的持续增长，金融机构的绿色金融产品日益丰富，尤其是在绿色信贷方面，截至 2021 年末，我国本外币绿色贷款余额达 15.9 万亿元，同比增长 33%[①]。

我国已经基本构建了包括顶层设计、分类统计制度、考核评价制度、

---

① 中国人民银行：《2021 年金融机构贷款投向统计报告》，2021。

奖励激励机制等在内的绿色信贷政策体系。2012 年，银监会发布《绿色信贷指引》，对银行业金融机构开展绿色信贷提出了明确要求；2015 年，中共中央、国务院印发《生态文明体制改革总体方案》，首次提出"建立绿色金融体系"，鼓励各类金融机构加大绿色信贷发放力度；2016 年，中国人民银行等七部委发布《关于构建绿色金融体系的指导意见》，绿色信贷成为中国绿色金融体系的重要部分。绿色信贷统计考核制度也在逐步完善，主要文件包括银监会于 2013 年发布的《关于报送绿色信贷统计表的通知》，该通知包括 6 个附件，内容覆盖可被归类为绿色信贷的项目以及绿色信贷实施情况关键评价指标等，并确定银行业金融机构"环境、安全等重大风险企业信贷情况"和"绿色信贷统计"等数据统计报送要求。2018 年 1 月，中国人民银行发布《关于建立绿色贷款专项统计制度的通知》，要求国家开发银行、政策性银行、商业银行等相关金融机构对绿色贷款数据信息进行统计。统计信息包括两个方面，一是绿色贷款统计，二是对存在环境、安全等重大风险企业贷款的统计，有效引导了金融机构优化信贷结构、加大绿色信贷投放。与 2013 年发布的《关于报送绿色信贷统计表的通知》相比，这一制度在绿色贷款的统计对象、统计内容、统计标准、实施要求等方面更加明确，以量化指标指导金融机构合理、高效地支持绿色产业。2018 年 7 月，中国人民银行发布《关于开展银行业存款类金融机构绿色信贷业绩评价的通知》，提出对 24 家主要银行业存款类金融机构每季度开展绿色信贷业绩评价工作，并依据评价结果实行激励约束。2020 年 6 月，银保监会办公厅印发《关于绿色融资统计制度有关工作的通知》，该统计制度向银行分别征集气候变化减缓和气候变化适应两个科目，此外，将清洁生产产业、清洁能源产业纳入绿色融资统计范围，细化了绿色融资项目分类，增加了节能减排指标，引导银行完善对风能、太阳能、生产过程废气处理处置及资源化综合利用等行业的金融服务，进一步明确绿色金融支持方向及重点领域。

2021 年，中国绿色信贷政策体系进一步完善。2021 年 6 月，中国人民银行发布《银行业金融机构绿色金融评价方案》以优化绿色金融激励

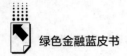

约束机制。同年 9 月，中共中央、国务院印发《关于完整准确全面贯彻新发展理念做好碳达峰碳中和工作的意见》，提出将绿色信贷纳入宏观审慎评估框架，引导银行等金融机构为绿色低碳项目提供长期限、低成本资金，有序推进绿色金融市场双向开放。2021 年 12 月，国务院国资委印发《关于推进中央企业高质量发展做好碳达峰碳中和的工作指导意见》，强调拓展绿色信贷业务范围，积极探索碳排放权抵押贷款等绿色信贷业务。

2021 年，四大国有银行在实践中不断丰富和完善绿色金融实践指导性要求。工商银行全面实施投融资绿色分类管理，印发《境内法人投融资绿色分类管理办法(2021 年版)》，通过确定绿色贷款专项规模、制定绿色贷款年度投放计划、提高绿色金融绩效考核权重、实施绿色金融 FTP 优惠政策等措施，进一步完善绿色金融激励约束保障机制[①]。农业银行在新制定或修订的行业信贷政策中纳入效率、效益、环保、资源消耗和社会管理五大类绿色信贷指标，同时创新推出合同能源管理未来收益权质押贷款、生态修复贷、绿色交通贷、绿色建筑贷等多种绿色信贷产品，有效发挥了绿色信贷在支持绿色产业发展方面的积极作用。中国银行制定《中国银行对公绿色信贷相关支持政策》《中国银行关于服务生态文明建设以加大绿色信贷投放为重点推动绿色金融高质量发展的意见》，在涉及绿色发展的相关行业授信政策中，对绿色项目予以倾斜，为绿色业务发展提供细化指导和支持。此外，从绿色信贷投放、创新产品、试验区绿色金融发展、绿色运营、政策支持、数据质量、风险管理等多方面对分行开展指导，强化绿色金融各项工作执行力。建设银行将绿色金融业务目标纳入年度综合经营计划，制定《助力碳达峰碳中和推动绿色信贷高质量发展的指引》，分析环境相关机遇与挑战，提出低碳发展策略，加强政策传导与业务引导，加大对绿色信贷的支持力度。

---

① 中国工商银行：《中国工商银行股份有限公司社会责任（ESG）报告(2021)》，2021。

（二）绿色信贷规模持续增长

我国绿色信贷统计，主要以中国人民银行2018年发布的《关于建立绿色贷款专项统计制度的通知》、中国银保监会2020年发布的《关于绿色融资统计制度有关工作的通知》为指导。二者的口径存在细微差别，中国人民银行的绿色贷款口径包括节能环保项目贷款、服务类贷款、农业绿色开发项目贷款和采用国际惯例或标准的境外项目贷款等12类，而银保监会提出的绿色信贷的统计口径更加广泛，增加了对绿色融资的相应考核。随着构建统一绿色金融标准体系的工作不断推进，绿色信贷相关标准体系将不断完善，部门协调将不断加强。为与《中国地方绿色金融发展报告(2021)》所发布的相关数据的统计口径保持一致，本报告统一采用中国人民银行公布的绿色贷款余额口径。

2021年，我国绿色信贷规模持续增长，截至2021年末，本外币绿色贷款余额达15.9万亿元（见图1），同比增长33%，高于各项贷款增速21.7个百分点。其中，投向具有直接和间接碳减排效益项目的贷款分别为7.3万亿和3.36万亿元，合计占绿色贷款的67%。六大行绿色贷款规模共计达到8.67万亿元，占全国绿色贷款余额的54.5%。

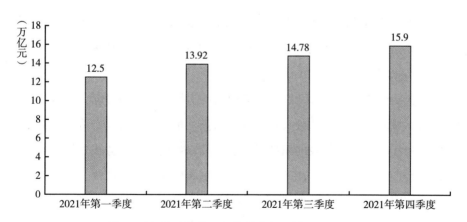

图1 中国金融机构绿色贷款余额规模（2021年）

资料来源：中国人民银行。

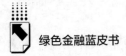

在绿色信贷资金用途方面，我国绿色信贷资金主要投向基础设施绿色升级产业以及清洁能源产业。其中，投向基础设施绿色升级产业的资金为7.4万亿元，同比增长28.3%，占绿色贷款余额的46.54%；投向清洁能源产业的资金为4.21万亿元，同比增长31.7%，占绿色贷款余额的26.48%。2021年，中国绿色信贷资金用途占比如图2所示。

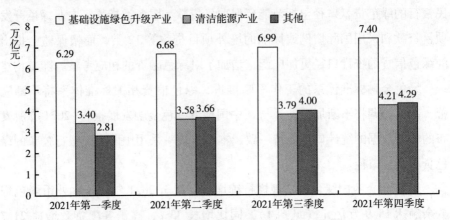

图2　中国金融机构绿色信贷资金用途占比（2021年）

资料来源：中国人民银行。

2021年，按行业划分的中国绿色贷款结构如图3所示。从行业划分来看，电力、热力、燃气及水生产和供应业的绿色贷款余额达4.4万亿元，同比增长25.7%；交通运输、仓储和邮政业的绿色贷款余额达4.1万亿元，同比增长14.2%。

在全国整体趋势的带动以及地方政府的引导下，各地方绿色信贷市场建设取得了显著成绩，大部分省份的绿色信贷存量规模呈增长态势，尤其是以江苏、浙江、广东为代表的东部沿海地区的绿色信贷增长势头良好。从各地绿色信贷存量规模来看，江苏、浙江、广东3个省份的表现最为突出，在国家生态文明建设和"碳达峰、碳中和"目标的引导下，这3个省份2021年的绿色信贷余额均突破1.4万亿元；相较而言，海南、西藏、宁夏等省份的绿色信贷存量规模则相对较小，均未达到1000亿元（见图4）。

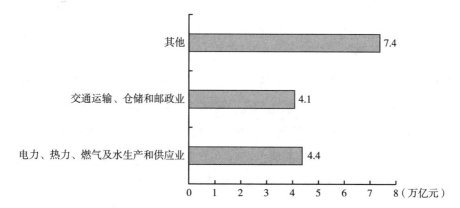

图3 中国绿色贷款结构（按行业划分）（2021年）

资料来源：中国人民银行。

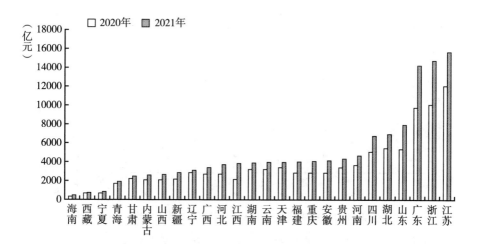

图4 2020~2021年部分省份绿色信贷余额

注：数据来源于中央财经大学绿色金融国际研究院地方绿色金融数据库，因公开数据披露原因，本部分未对北京、上海等省份的信息进行统计，重庆、四川、广西统计的数据为2022年第三季度末数据，辽宁统计的数据为2022年第二季度末数据。

（三）银行绿色分（支）行数量稳定增加

绿色分（支）行是银行业金融机构积极发展绿色金融的重要载体。目前各地正在积极建设绿色分（支）行，提升绿色金融服务地方的能力，通过与地方需求相结合，明确绿色信贷的支持方向、重点领域，通过制度创新、产品创新，将绿色金融与当地经济紧密融合。如图 5 所示，截至 2021 年 12 月，全国共挂牌 153 家绿色分（支）行，分布在 18 个省份，较 2020 年底新增覆盖 4 个省份，分别是湖北、青海、河北、山西。绿色金融改革创新试验区所在省份浙江、贵州、江西、广东、新疆、甘肃积极推动绿色分（支）行建设，共设立 103 家绿色分（支）行，占全国绿色分（支）行的 67.3%，较上一评价周期新增 52 家。福建、青海、河北、海南 4 个省份在 2021 年以前未建立绿色分（支）行，2021 年分别建立 4 家、4 家、2 家、2 家绿色分（支）行，显现出当地在绿色信贷上的积极推进。

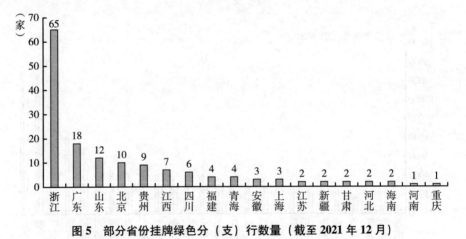

图 5 部分省份挂牌绿色分（支）行数量（截至 2021 年 12 月）

资料来源：中央财经大学绿色金融国际研究院地方绿色金融数据库。

从绿色金融发展指数评价结果的梯队划分来看，第一梯队省份的绿色分（支）行数目遥遥领先，而其他两个梯队的绿色分（支）行建设进程较为缓慢。从总量来看，浙江的绿色分（支）行数量领先，截至 2021 年 12 月，共计拥有 65 家绿色分（支）行，占 2021 年全国绿色分（支）行总数的 44.2%，较 2020 年末的 22 家增长了近两倍。从增量来看，与 2020 年相比，山东 2021 年绿色分（支）行的增长率高达 91.67%。

绿色分（支）行是支持我国绿色金融改革创新的重要力量。以浙江省为例，2017年6月23日，经国务院同意，中国人民银行等七部委印发《浙江省湖州市、衢州市建设绿色金融改革创新试验区总体方案》，对浙江省部分地区的绿色信贷方向做出了初步的部署。2020年6月，湖州分行被正式确认为建行系统首批总行级绿色金融3家试点行之一。同时，为全面助力试点行实施绿色金融战略，建设银行总行制定了《加快培育绿色金融新优势实施方案》，给予绿色分（支）行差别化政策支持，继续深入推进浙江省的绿色分（支）行布局。在宏观政策积极引导和金融机构自发落实的过程中，浙江省的绿色分（支）行数量有了飞速的发展。建设银行、农业银行、招商银行、华夏银行、工商银行等全国性银行均在湖州、衢州设立了绿色支行，此外，浙江省内的部分农村商业银行也根据地方绿色融资需求，设立了区域性的绿色支行。青海是在2021年绿色分（支）行从无到有的省份之一，为发挥绿色金融对青海经济社会高质量发展的支撑保障作用，青海银保监局积极探索绿色金融事业部及绿色分（支）行设立标准，于2021年10月18日，指导农发行青海省分行、农行青海省分行、中行青海省分行及柴达木农商行设立首批绿色金融事业部，将兴业银行城东支行、青海银行囊谦支行、中行格尔木分行、中行海南州支行4家银行统一挂牌，打造为绿色分（支）行，这是青海第一批以"绿色"命名的银行业金融机构内设部门及分（支）行。

二 绿色债券与绿色股票

（一）绿色债券

世界银行将绿色债券定义为专门为支持气候相关或环境项目而发行的债务工具，绿色债券的目的在于为具有积极的环境效益或气候变化效益的项目提供资金。自2007年6月首只绿色债券发行以来，绿色债券作为应对气候变化的创新型金融工具，由于具有融资成本低、绿色效益明显等特点，近年来规模迅速壮大。据统计，在 2021 年评价周期内，中国绿色债券市场加速扩容，境内外贴标绿色债券发行规模约为 6031 亿元（含资产证券化产品），同比增长 64.51%。2021 年，绿色债券相关政策陆续出台，为绿色债券市场的健康发展打下坚实基础，而规模不断扩大的绿色债券市场，不仅有助于拓宽低碳项目发行人的融资渠道，为项目建设提供资金支持和资源倾斜，而且在引领社会绿色发展理念、引导企业低碳转型等方面也起到一定作用。

2021 年，中国境内绿色债券发行体量迅速扩张，绿色债券创新品种不断丰富。在 2021 年评价周期内，全国 31 个省份的绿色债券发行规模如图 6 所示。结合绿色金融发展指数评价结果，第一梯队中的前 3 名北京、浙江、广东的绿色债券发行规模也位居前列。与上一评价周期相同，北京的绿色债券发行规模仍位居全国第一。从图 6 中可以看出，经济发达地区对绿色债券的运用更为普遍。

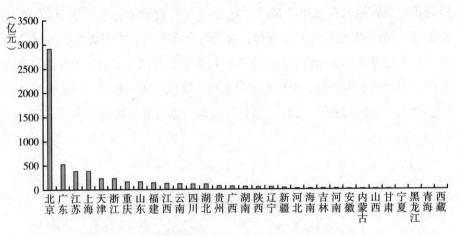

图 6 2021 年评价周期内全国各省份绿色债券发行规模

资料来源：中央财经大学绿色金融国际研究院绿色债券数据库。

在多种力量的支持下，各省份的绿色债券体系进一步完善，以云南为例，作为第三梯队省份，其在绿色债券发行规模方面排名较为靠前。自 2016 年云南发布首只绿色债券到"双碳"目标提出后，绿色金融债、绿色

ABS 产品、绿色公司债等一系列债券产品在云南落地，根据中央财经大学绿色金融国际研究院绿色债券数据库统计，2021 年至今，云南省绿色债券存量规模为 382.83 亿元。绿色债券与普通债券相比利率较低，为企业节约了一定财务费用，有效降低了企业融资成本，对企业有较强吸引力，同时也实现了良好的环境效益。

在发行数量方面，如图 7 所示，在 2021 年评价周期内，全国 31 个省份共发行绿色债券 401 只（贴标绿债，不含 ABS）。其中，北京发行绿色债券 91 只，占全国绿色债券发行总量的 23%，江苏发行绿色债券 55 只，广东发行绿色债券 42 只，江苏和广东两省发行的绿色债券合计占全国的 24%。结合绿色金融发展指数评价结果，位于第一梯队的大部分省份在绿色债券发行数量方面同样位于国内前列。贵州作为第一梯队省份及绿色金融创新改革试验区所在省份，绿色债券发行数量相对靠后，而位于第三梯队的重庆在绿色债券发行数量中排名较为靠前。与上一评价周期对比，各个省份的绿色债券发行数量整体上升幅度较大，排名前四的省份仍为北京、江苏、广东、浙江，其中北京的绿色债券发行数量由上一评价周期内的第二名跃居 2021 年评价周期内的第一名。在 2021 年评价周期内，北京在绿色债券发行数量和规模方面远大于其他省份，这与其总部经济的特点有较大关系。

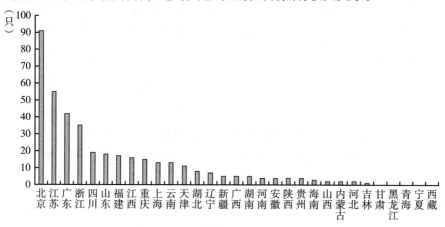

图 7　2021 年评价周期内全国各省份绿色债券发行数量（不含 ABS）

资料来源：中央财经大学绿色金融国际研究院绿色债券数据库。

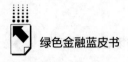

　　绿色 ABS 也是绿色金融的重要组成部分，是在资产证券化基础上要求特定的基础资产属于绿色项目，且相关资产未来产生的现金流或者筹集到的资金要运用于绿色环保产业。由图 8 可以看出，由于绿色 ABS 是一种创新形式，大多数省份的绿色资产证券化体系仍不完善。在 2021 年评价周期内，北京、上海、天津、广东等 11 个省份共发行绿色 ABS 71 只，其他省份未发行绿色 ABS。结合绿色金融发展指数评价结果，已发行绿色 ABS 的省份大部分位于第一梯队，新疆作为第一梯队省份及绿色金融改革创新试验区所在省份，未发行绿色 ABS。与上一评价周期相比，在 2021 年评价周期内，绿色 ABS 整体发行数量增加，但发行绿色 ABS 的省份有所减少。绿色 ABS 的数量之所以快速增长，除了能源转型的大背景以外，还因为 ABS 这一证券品种本身的属性能够较好地与绿色低碳项目相融合。例如，新能源行业的光伏发电站、污水处理设备等固定设施，都可以成为 ABS 的基础资产。除此之外，绿色 ABS 的创新形式增多，使得绿色 ABS 底层基础资产种类更为丰富，不仅可以为发债企业提供融资便利，也可以通过资产证券化进行风险分级，给不同风险偏好的投资者更多选择。同时，资产证券化要求必须对应确定的资产，有更加完善的信息披露机制，保证在投资前能够掌握全面、具体的信息，防止出现投入、回报不成正比的问题，有利于实施社会化监督并支持供给侧结构性改革。就其市场而言，绿色 ABS 作为一种新型债务融资工具在绿色融资方面有着诸多优势，且在监管政策助力 ABS 发展的背景下，我国绿色 ABS 在大多数地区发展势头良好，无论是发行数量还是发行规模较前几年均有显著提升，具有不可忽视的增长潜力。

　　如图 9 所示，在 2021 年评价周期内，全国发行绿色债券的机构共有 474 家。结合绿色金融发展指数评价结果，大部分位于第一梯队的省份绿色债券发行机构较多，如北京、浙江、广东、江苏等。北京共有绿色债券发行机构 111 家，占全国绿色债券发行机构的 23%。江苏共有绿色债券发行机构 61 家，占全国绿色债券发行机构的 10% 以上。甘肃作为绿色金融改革创新试验区所在省份，绿色债券发行机构数量较少。处于第三

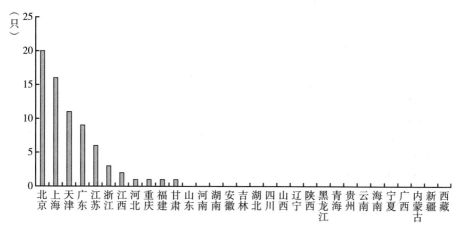

图8　2021 年评价周期内全国各省份发行绿色 ABS 的数量

资料来源：中央财经大学绿色金融国际研究院绿色债券数据库。

梯队的重庆、云南的绿色债券发行机构数量较为靠前，分别为 16 家、13家。与上一评价周期相比，2021 年评价周期内绿色债券发行机构数量整体大幅增加，与此同时，在上一评价周期内绿色债券发行机构数量为零的河南、湖南、吉林、海南、内蒙古、新疆等开始陆续出现发行绿色债券的机构，但西藏、宁夏等仍不存在绿色债券发行机构。从强化绿色债券发行的角度来看，加强基础设施建设，包括构建绿色企业信息库、开发相应工具，以及出台相应激励政策，为投资者提供便利、降低成本等均有积极作用，为推进绿色债券发展，弥补发行机构的不足，政府仍需加强引导与支持。

总体而言，绿色债券作为一种直接融资工具，相较于普通债券具有显著的成本优势，当前央企仍然是绿色债券发行的主体，一些民营企业、中小企业逐渐加入绿色债券发行队伍。绿色债券已经成为快速募集资金用于绿色项目建设、运营的主要途径，在绿色债券市场规模不断扩大的同时，市政专项债券等新兴债券产品与服务将不断涌现并进一步发展，带动低碳环保产业发展和绿色基础设施建设。

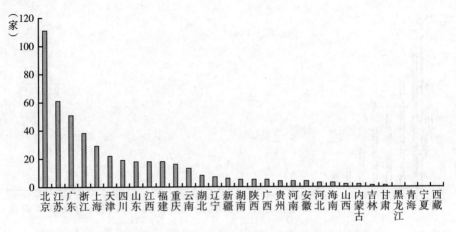

图9 2021年评价周期内全国各省份发行绿色债券的机构数量

资料来源：中央财经大学绿色金融国际研究院绿色债券数据库。

（二）绿色股票

绿色股票即"从事绿色低碳行业企业进行上市融资与再融资形成的有价证券"①。根据中央财经大学绿色金融国际研究院 ESG 数据库统计情况，截至 2021 年 12 月末，中国 A 股绿色上市企业总数量为 174 家，相比于上年度增加 29 家，总市值达 13748.3 亿元。当前 A 股绿色上市企业主要集中于水务、固废处理、污染防治、环境修复等几个板块。

1. A 股绿色上市企业

从区域分布来看，如图 10 所示，全国除山西、辽宁、青海、海南、宁夏、新疆、西藏 7 个省份外，其他 24 个省份均已有 A 股绿色上市企业。当前 A 股绿色上市企业分布受区位影响明显，主要集中于东部，以京津冀、长三角、珠三角为中心向四周辐射。西北、东北地区 A 股绿色上市公司数量较少。具体来看，广东、江苏、北京的 A 股绿色上市企业较多，均在 20 家以上，广东以 27 家位居全国第一，且省内绿色上市公司市值合计高达

---

① 本定义参考《关于构建绿色金融体系的指导意见》与《中国绿色金融研究报告（2020）》。

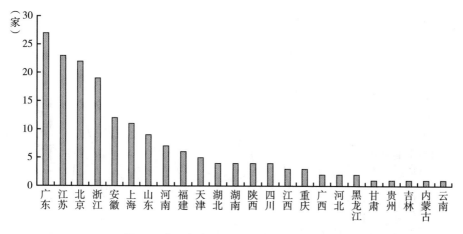

图 10　全国各省份 A 股绿色上市企业数量

资料来源：中央财经大学绿色金融国际研究院。

3470.1 亿元，同样领跑全国。

结合绿色金融发展指数评价结果，第一梯队除新疆外，其余省份均已有 A 股绿色上市企业。第二梯队除山西外，其余省份也已有少量 A 股绿色上市企业。第三梯队受经济条件与地理区域限制，在培育 A 股绿色上市企业方面仍有待加强。从绿色金融改革创新试验区所在省份来看，除新疆外，其他 5 个省份均有 A 股绿色上市企业。

2. 企业披露社会责任报告占比

根据中央财经大学绿色金融国际研究院 ESG 数据库统计情况，2021 年度，全国 31 个省份均有上市企业披露社会责任报告，全国共有 1137 家上市企业披露社会责任报告。

从披露社会责任报告的企业数量来看，以北京、上海、广东为辐射中心的东部与南部地区企业披露社会责任报告的数量明显高于其他地区，其中广东以 155 家上市企业披露社会责任报告的数量排名第一，北京、上海、浙江分居第二、第三、第四名，这些省份也是全国仅有的披露社会责任报告的上市企业数量超过 100 家的省份（见图 11）。结合绿色金融发展指数评价结果，第一梯队省份企业披露社会责任报告更多，明显高于第二、

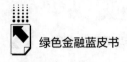

第三梯队。从绿色金融改革创新试验区所在省份来看，广东、浙江两个省份披露社会责任报告的上市企业数量更多。

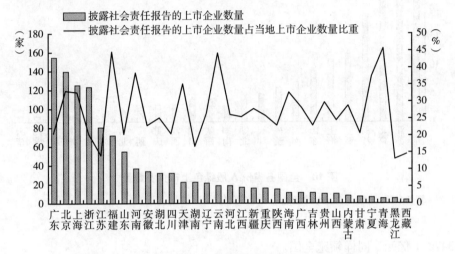

图11　全国各省份披露社会责任报告的上市企业数量及占比

资料来源：中央财经大学绿色金融国际研究院。

从披露社会责任报告的上市企业数量占当地上市企业数量的比重来看，全国 31 个省份的该比重集中在 13%～46%，各省份之间存在一定差距。青海上市公司基数低，因此占比最高，福建、云南紧跟其后。从地理区域角度来看，受基数影响，西部与北部省份披露社会责任报告的上市企业占比显著高于其他地区。结合绿色金融发展指数评价结果来看，总体上第二、第三梯队省份上市企业披露社会责任报告占比更高，表现优于第一梯队。上述现象与西部、北部地区上市企业数量相对较少存在较大关系。部分省份如广东、浙江、江苏虽披露社会责任报告的上市企业数量较多，但上市企业总量大，影响了占比。

综合数量与占比两个维度的数据来看，总体上，第一梯队省份上市企业披露社会责任报告的数量更多，但由于上市企业总量大，因而披露社会责任报告的企业占比并不高；第二、第三梯队则相反，披露社会责任报告的上市企业数量不多，但占比较高。综合来看，北京、上海、福建等地在数量与占比上均表现较佳,在保证上市企业披露社会责任报告方面更加主动,能够维持较高的社会责任报告披露水平。

3. 上市公司 ESG 得分

依托中央财经大学绿色金融国际研究院自主创新研发的 ESG 评估方法学,课题组对全国 4685 家 A 股上市公司 2021 年度信息披露情况从环境(E)、社会(S)和公司治理(G)维度展开评估,按照注册地整合统计后,得出全国 31 个省份上市公司 ESG 得分。

从地区分布来看,全国 31 个省份上市公司的 ESG 得分基本处于 35~58 分的区间。以 50 分为分界线,上市公司 ESG 得分高于 50 分的信息披露状况更好。其中,重庆上市企业 ESG 得分最高,表现最优秀;北京位居第二,得分略低于重庆(见图 12)。

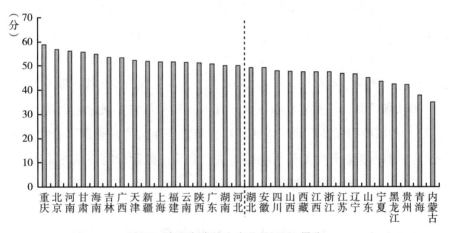

图 12　全国各省份上市公司 ESG 得分

资料来源:中央财经大学绿色金融国际研究院。

结合绿色金融发展指数评价结果,从各省份上市企业 ESG 得分的梯队分布来看,三个梯队的分布较为分散,各省份上市公司 ESG 得分与梯队整体绿色表现关联性较弱。这一情况与上市公司信息披露受证监会、交易所政策监管的影响更大,而地方监管及激励政策影响有限有关。

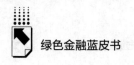

三 绿色保险

绿色保险是市场经济条件下开展环境和气候风险管理的重要手段。我国绿色保险起步较晚，发展初期以环境污染责任保险为主，随着环境和气候领域的风险管理需求不断增加，国内绿色保险相关指导意见开始出台，绿色保险市场也开始不断涌现各类新型绿色保险产品。2016年8月，《关于构建绿色金融体系的指导意见》中明确提出要在环境高风险领域建立环境污染强制责任保险制度，并且鼓励和支持保险机构创新绿色保险产品和服务。2020年3月，中共中央办公厅、国务院办公厅发布《关于构建现代环境治理体系的指导意见》，指出要推动环境污染责任保险发展，在环境高风险领域研究建立环境污染强制责任保险制度。2020年5月，浙江省宁波市发布《宁波市生态环境绿色保险实施意见（试行）》，推出"保险+服务+补偿"的环境污染防控综合险，保险机构承担环境污染事故经济赔偿责任，第三方环保服务机构指导投保企业开展环境风险防控，同时向保险机构投保职业责任保险。2021年7月，江西省发布《关于江西保险业加快发展绿色保险的指导意见》，指出要积极推广赣江新区环境污染责任保险"政企保"合作模式，在全省范围内探索开发船舶污染损害责任保险、危险废物环境污染责任保险、森林保险、野生动物肇事公众责任保险、碳保险、气候保险等绿色保险产品。

如图13所示，截至2021年底，全国除西藏以外，30个省份均有绿色保险上市，合计上市绿色保险164只，其中江苏、北京、广东的已上市绿色保险险种数量较多。第一梯队省份共上市绿色保险77只，第二梯队省份共上市绿色保险60只，第一梯队与第二梯队绿色保险发展进程较快，而第三梯队省份共上市绿色保险27只，绿色保险发展相对滞后（见图14）。

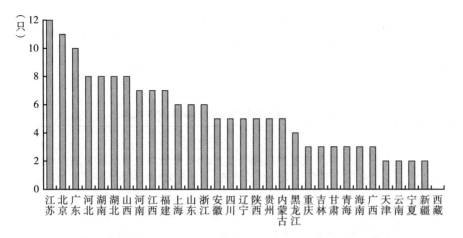

图 13　全国各省份已上市绿色保险险种数量（截至 2021 年底）

资料来源：根据公开资料整理。

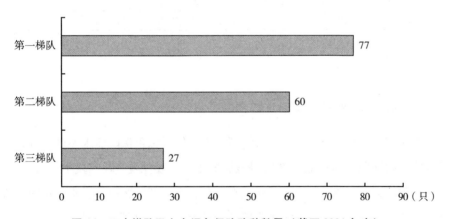

图 14　三大梯队已上市绿色保险险种数量（截至 2021 年底）

资料来源：根据公开资料整理。

（一）地方环境污染责任保险规模不断扩大

环境污染责任保险是我国绿色保险的最初实践和主要险种，早在 2007 年，国家环保总局和保监会联合发布《关于环境污染责任保险工作的指导意见》，在多地开展重点行业和区域的环境污染责任保险试点。截至 2021 年底，全国已有 29 个省份出台环境污染责任保险。各地环境污染责任保险都有一定发展，其中：江苏省环境污染责任保险共向近 8500 家企业提供风险保障 100 亿元；山东省环境污染责任保险累计投保企业 584 家，保额达到 23.4 亿元；广东省 2021 年环境污染责任保险提供风险保障 30.41 亿元（见表 1）。

表 1 部分省份环境污染责任保险投保状况

省份	投保状况
广东	2021 年广东省环境污染责任保险提供风险保障 30.41 亿元,林业保险提供风险保障 1094 亿元。其中,深圳环境污染责任保险出单 925 单,保费 2506 万元,为环境高风险企业提供风险保障 27.65 亿元
江苏	截至 2021 年底,全省环境污染责任保险共向近 8500 家企业提供风险保障 100 亿元
山东	截至 2021 年底,环境污染责任保险累计投保企业 584 家,保额达到 23.4 亿元
福建	2021 年以来,已累计为 567 家企业提供环境污染责任保险保障 32 亿元
贵州	截至 2021 年 9 月,全省共 119 家企业投保环境污染责任保险,保险机构实现保费收入 159.62 万元,为企业提供 6820 万元风险保障
河北	2015～2019 年,累计投保企业 3738 家次,转移风险金额 128 亿多元

资料来源：根据公开资料整理。

（二）绿色保险产品创新成果显著

绿色理念的传播与经济社会的转型发展，使得绿色保险需求不断增加，从需求侧推动绿色保险产品创新取得显著成果，气候保险、环保技术装备保险、针对低碳环保类消费品的产品质量安全责任保险、船舶污染损害责任保险、森林保险和农牧业灾害保险等多种保险均已出台。如表 2 所示，截至 2021 年底，除环境污染责任险外，各省份基于自身绿色发展需求，进行绿色保险产品创新，其中：20 多个省份上市森林保险；20 多个省份上市农业大灾保险、玉米干旱气象指数保险、蔬菜降雨气象指数保险等多种农产品保险；多个省份上市有关水产养殖的保险；上海、福建等沿海省份根据自身需要出台了船舶污染损害责任保险。相较于 2020 年，北京新增光照气象指数农险、露地蔬菜气象指数保险、玉米干旱气象指数保险，江西新增"保险+科技+服务"电梯安全综合保险、家庭装修有害气休治理保险，吉林新增环境污染责任保险。

表 2　全国部分绿色保险种类（含创新品种）（截至 2021 年 12 月）

省份	具体险种
北京	绿色建筑性能责任保险、果树树体保险、生猪价格指数保险、蜂业气象指数保险、光照气象指数农险、露地蔬菜气象指数保险、玉米干旱气象指数保险、太阳辐射发电指数保险、环境污染责任保险、森林保险
上海	蔬菜气象指数保险、葡萄降水量指数保险、船舶污染损害责任保险、油污责任保险、危化品安全责任保险、耕地地力指数保险
广东	巨灾指数保险、环境污染责任保险、蔬菜降雨气象指数保险、绿色产品食安心责任保险、油污责任保险、降水发电指数保险、森林保险、绿色卫士装修污染责任保险
江苏	8 项气象指数保险（大闸蟹气温指数保险、鱼虾气象指数保险、桃梨气象指数保险、池塘水产气象指数保险等）及农业大灾保险、环境污染责任保险、森林保险、船舶污染损害责任保险
山东	杨梅气象指数保险、海水养殖天气指数保险、环境污染责任保险、养殖保险与病死动物无害化处理联动机制、森林保险、农业大灾保险
河北	水产养殖气象指数保险、板栗干旱气象指数保险、冬枣气象指数保险、环境污染责任保险、森林保险、农业大灾保险、无害化处理与保险联动机制、风力发电指数保险
河南	环境污染责任保险、农业大灾保险、病死猪无害化处理和生猪保险联动机制、森林保险、小龙虾养殖天气指数保险、玉米天气指数保险、茶叶低温霜冻气象指数保险
浙江	生猪保险、安全生产和环境污染综合责任保险、巨灾保险、森林保险、气象指数保险（如茶叶气象指数保险、杨梅气象指数保险、大黄鱼养殖气象指数保险等）
湖南	环境污染责任保险、农业气象保险、杨梅气象指数保险、森林保险、大鲵养殖保险、公益林保险、农业大灾保险、光伏财产保险
安徽	农业大灾保险、环境污染责任险、农业气象指数保险、水稻天气指数保险、森林保险
福建	船舶污染损害责任保险、环境污染责任保险、森林保险、农业气象巨灾指数保险、水产养殖台风指数保险、茶叶种植低温指数保险、农作物种植强降水指数保险
湖北	森林保险、水稻高温天气指数保险、小龙虾天气指数保险、水稻暴雨天气指数保险、杨梅气象指数保险、环境污染责任保险、碳保险、农业大灾保险
山西	梨种植气象指数保险，环境污染责任保险、森林保险，暴雨、洪涝、低温冻害、干旱及大风 5 种气象指数保险
四川	农业大灾保险、环境污染责任保险、森林保险、蔬菜价格指数保险、养殖保险与病死畜禽无害化处理联动机制
江西	环境污染责任保险、农业大灾保险、船舶污染损害责任保险、政府救助保险、建筑工程绿色综合保险、"保险+科技+服务"电梯安全综合保险、家庭装修有害气体治理保险
辽宁	农业大灾保险、环境污染责任保险、玉米天气指数保险、海水养殖气象指数保险、森林保险
内蒙古	环境污染责任保险、农业大灾保险、森林保险、天气指数保险、草原牧区羊群天气指数保险

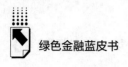
省份	具体险种
陕西	环境污染责任保险、森林保险、气象指数保险、农业巨灾指数保险、茶叶气象指数保险
甘肃	环境污染责任保险、茶叶低温气象指数保险、森林保险
贵州	山地茶叶气象指数保险、环境污染责任保险、森林保险、气象指数保险、生猪价格指数保险
黑龙江	森林保险、农业巨灾指数保险、环境污染责任保险、农业大灾保险
广西	环境污染责任保险、海水养殖风力指数保险、森林保险
海南	环境污染责任保险、风灾指数保险、森林保险
青海	环境污染责任保险、藏系羊牦牛降雪量气象指数保险、森林保险
天津	环境污染责任保险、无害化处理与保险联动机制
重庆	环境污染责任保险、森林火灾保险、生猪保险
吉林	环境污染责任保险、农业大灾保险、森林保险
宁夏	环境污染责任保险、蔬菜价格指数保险
新疆	棉花低温气象指数保险、环境污染责任保险
云南	环境污染责任保险、森林保险

资料来源：根据公开资料整理。

四 绿色基金与绿色 PPP

（一）新增绿色基金数量攀升

绿色基金是中国绿色金融体系的重要组成部分，能够通过多种投融资方式引导更多社会资本投资于绿色产业，并在一定程度上有助于解决绿色投融资期限错配的问题。2016 年，中国人民银行、财政部等七部委联合发布《关于构建绿色金融体系的指导意见》，指出支持设立各类绿色发展基金，按照市场化方式进行投资管理；鼓励地方政府和社会资本共同发起区域性绿色发展基金，支持社会资本和国际资本设立各类民间绿色投资基金。2018 年，中国证券投资基金业协会发布《绿色投资指引（试行）》，引导资金优先投向与环保、节能、清洁能源等绿色产业相关的企业和项目。2021 年，证监会推出《公开发行证券的公司信息披露内容与格式准则第 2 号——年度报告的内容与格式(2021年修订)》《公开发行证券的公司信息披露内容与格式准则第3号——半年度报告的内容与格式(2021年修订)》,鼓励公司在定期报告中披露为减少碳排放所采取的措施及效果,有望激励绿色基金发展。

如图15所示,2021年全国共新增121只绿色基金,较2020年增长26.04%,结束2019年和2020年连续两年的新增绿色基金数量下降趋势,这与新冠肺炎疫情发生后绿色基金被作为撬动投资的重要抓手有关。2020年3月,生态环境部发布《关于统筹做好疫情防控和经济社会发展生态环保工作的指导意见》,提出充分发挥国家绿色发展基金的作用,鼓励有条件的地方、金融机构和社会资本设立区域性绿色发展基金。同年7月,财政部、生态环境部、上海市共同发起设立国家绿色发展基金,首期募资规模为885亿元,其中中央财政出资100亿元,出资方还包括长江经济带沿线11个省市、部分金融机构和相关行业企业。国家绿色发展基金将重点投资污染治理、生态修复和国土空间绿化、能源资源节约利用、绿色交通与清洁能源等领域。

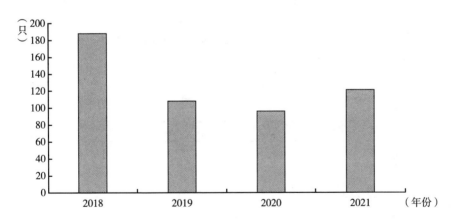

图15 2018~2021年新增绿色基金数量

资料来源:中国证券投资基金业协会。

2021年,全国24个省份均有新增绿色基金(见图16)。北京新增绿色基金数量最多,为18只,占14.88%。广东新增绿色基金17只,增量领先态势明显。天津 2020 年仅新增绿色基金 2 只，2021 年新增 16 只，发展态势明显，这与天津发布多部政策文件支持绿色金融发展有一定关系。如图 17 所示，结合地方绿色金融发展指数评价结果来看，第一梯队省份 2021 年共新增绿色基金 82 只，第二梯队和第三梯队省份分别新增绿色基金 18 只和 21 只。第一梯队 2021 年新增绿色基金数量遥遥领先，绿色基金发展势头迅猛。

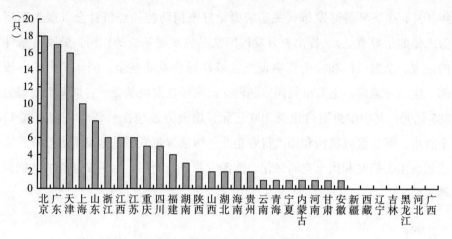

图 16 2021 年全国各省份新增绿色基金数量

资料来源：中国证券投资基金业协会。

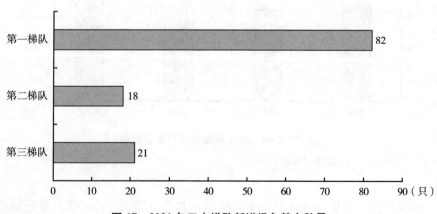

图 17 2021 年三大梯队新增绿色基金数量

资料来源：根据公开资料整理。

（二）新入库绿色 PPP 项目数量保持稳定

政府和社会资本合作（Public-Private Partnership）又称 PPP，是指政府在基础设施及公共服务领域，与社会资本建立的利益共享、风险分担及长期合作关系。绿色 PPP，是指在公共交通、供排水、生态建设和环境保护、水利建设、可再生能源、教育、科技、文化、养老、医疗、林业、旅游等多个领域具有支持污染防治和推动经济结构绿色低碳化作用的 PPP 项目①。2021年，国务院办公厅发布《关于鼓励和支持社会资本参与生态保护修复的意见》，继续推进政府和社会资本合作在绿色项目上的发展，鼓励和支持社会资本参与生态保护修复项目投资、设计、修复、管护等全过程，围绕生态保护修复开展生态产品开发、产业发展、科技创新、技术服务等活动，对区域生态保护修复进行全生命周期运营管护。

2021 年，全国共有 28 个省份新增入库绿色 PPP 项目，共计 339 项，与2020 年的 343 项相比数量保持稳定。结合地方绿色金融发展指数评价结果来看，2021 年第一梯队省份共新增绿色 PPP 项目 173 项，第二梯队省份新增绿色 PPP 项目 106 项，第三梯队省份新增绿色 PPP 项目 60 项，各梯队间绿色 PPP 的发展呈阶梯式变化（见图 18）。

从各省份来看，如图 19 所示，北京 2021 年新入库绿色 PPP 项目 77项，领跑全国，与 2020 年新入库绿色 PPP 项目 3 项相比有显著提升；贵州、河南、江西、广西四地 2021 年新入库绿色 PPP 数量均超过 20 项，其中贵州和广西较上年增幅明显。2021 年 4 月，国家发展和改革委员会公布《绿色政府和社会资本合作（PPP）项目典型案例名单》（见表 3），涵盖 12个省份的 16 个绿色 PPP 项目，这些项目采用绿色先进技术或运用绿色设计理念，取得了较好的生态效益、经济效益和社会效益，具有较大的示范价值。

---

① 财政部政府和社会资本合作中心全国 PPP 综合信息平台项目管理库，2021 年 3 月报，http://www.cpppc.org/ptgg/999950.jhtml。

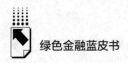

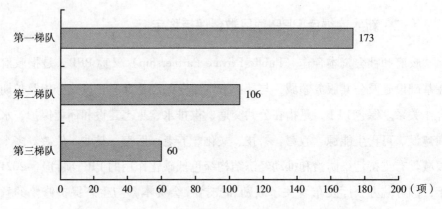

图18 2021年三大梯队新入库绿色 PPP 项目数量

资料来源：财政部政府和社会资本合作中心。

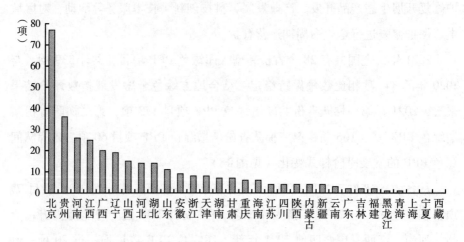

图19 2021年全国各省份新入库绿色 PPP 项目数量

资料来源：财政部政府和社会资本合作中心。

表3 绿色 PPP 项目典型案例名单

项目名称	省份
北京市通州区碧水污水处理厂 PPP 项目	北京
北京市大兴区新凤河流域综合治理 PPP 项目	北京
大连夏家河污泥处理厂 PPP 项目	辽宁
常州市城市生活垃圾焚烧发电 PPP 项目	江苏

项目名称	省份
宿迁市区生活垃圾分类和治理 PPP 项目	江苏
合肥市胡大郢污水处理厂 PPP 项目	安徽
界首市污水处理 PPP 项目（第二批）	安徽
小涧西生活垃圾焚烧二期 PPP 项目	山东
恩菲襄阳生活垃圾焚烧发电厂 PPP 项目	湖北
益阳市生活垃圾焚烧发电 PPP 项目	湖南
南宁市那考河 PPP 项目	广西
梧州市静脉产业园 PPP 项目	广西
三亚市生活垃圾焚烧发电厂 PPP 项目	海南
雅安市城镇污水处理设施建设 PPP 项目	四川
九江市中心城区水环境系统综合治理一期 PPP 项目	江西
大理市洱海环湖截污 PPP 项目（一期）	云南

资料来源：国家发展和改革委员会。

　　近年来绿色 PPP 的内涵不断丰富，形成了与以生态环境为导向的开发模式（Ecology-Oriented Development，EOD）融合的良好实践。EOD 是以生态保护和环境治理为基础，以特色产业运营为支撑，以区域综合开发为载体，采取产业链延伸、联合经营、组合开发等方式，推动公益性较强、收益性较差的生态环境治理项目与收益较好的关联产业有效融合，实现生态环境治理带来的经济价值内部化。当前，PPP 正在从政府采购公共服务的工具、撬动经济发展的工具向实现以人为本及可持续发展目标的工具过渡，"PPP+EOD"模式进一步发展。"河南省洛阳市洛宁县洛河生态治理三期项目"融合了 PPP 与 EOD 模式，整合生态项目上下游产业链，将洛宁县第四、第五水厂及洛河北岸体育公园等收益性项目与洛河生态治理工程、滨河大道东延线工程等公益性项目搭配实施，不仅将改善自然环境，还将形成资金供给与资产创造的良性循环，实现经济与环境的可持续发展。

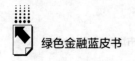

五　绿色信托

在"双碳"目标约束下，绿色信托呈现发展新格局。"双碳"背景下信托服务对象的发展路径在改变，在各行各业更加关注绿色发展质量的趋势下，信托业也需要从规模增长向结构优化转变。近年来，信托业拓展绿色金融与碳金融研究，持续创新绿色信托产品与服务，不断提升绿色产业金融参与度与支持度，开展信托研究与教育，并在运营管理中充分融合绿色低碳元素，为我国实现"双碳"目标贡献信托力量。

如图20所示，截至2021年12月底，绿色信托项目数量为665个。虽然较上年度有所下降，但资产投向更为多元，金融工具种类更为多样。2021年，绿色信托资产主要投向节能环保、清洁生产、清洁能源、生态环境、基础设施绿色升级及绿色服务六大产业，通过绿色信贷、绿色债券投资、绿色产业基金、绿色供应链、公益慈善绿色信托、碳金融等方式提供资金支持，集信托优势与资源为绿色产业发展注入强劲动力。

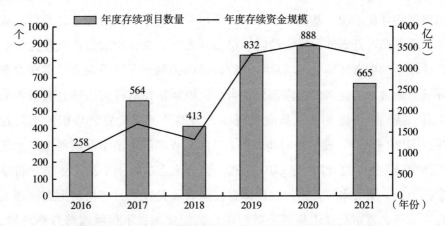

图20　2016~2021年绿色信托年度存续项目数量与资金规模

资料来源：中国信托业协会历年社会责任报告。

如图 21 所示，从绿色信托公司注册所在地来看，全国已有 28 个省份设立共计 68 家绿色信托公司，其中 11 家位于北京，几乎占总数的 1/6，已经形成了强大的总部效应。第二名为上海，共 7 家。广东、浙江、江苏等省份紧随其后。绿色信托发展速度领先，与这些省份金融条件好、经济发达、企业数量多、市场需求大相关。

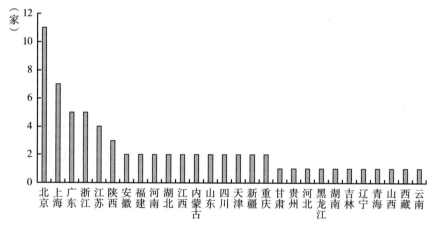

图 21　全国绿色信托公司分布数量

资料来源：中国信托业协会历年社会责任报告。

结合地方绿色金融发展指数来看，绿色信托公司注册数量排名与梯队排名基本吻合。第一梯队省份中除个别省份外，信托公司数量总体靠前，第二梯队与第三梯队的发展差异不大，信托机构数量不多，对绿色信托的探索与应用仍有待加强。

在借鉴绿色信贷、绿色债券等绿色金融工具创新支持地方绿色产业发展的服务路径之后，信托业从自身优势出发，加速向绿色领域延伸，深入融合地方发展，整合社会资源优势引导资金流向地方，以绿色力量支撑当地高质量发展。中航信托采用投贷联动的方式服务河北省秦皇岛市开展清洁能源集中供暖改造，充分发挥地热能的优势降低二氧化碳排放，为当地带来环境与社会效益。英大信托锚定碳排放配额为标的资产，为浙江省控排企业与绿色企业提供增信支持，引导绿色与棕色行业加大绿色节能改造资金投入，支持浙江省企业在全国碳排放权交易市场提升活跃度，发挥表率作用。长安信托发行贷款集合资金信托，协助四川省西昌市开展生态保护与湿地恢复建设，打造全国最大城市湿地，为环境美化、绿化奉献信托力量。兴业信托推动绿色、公益和慈善的有机结合，在云南省推出全国首个以生物多样性保护为主题的绿色慈善信托，响应国际《生物多样性公约》的号召，丰富生态公益领域绿色金融产品模式，激活云南的生态活力与可持续潜力。

六　环境权益交易

环境权益交易即涉及环境类一切权益交易活动，包括碳排放权交易、用能权交易、排污权交易、水权交易、环境使用权交易等多个领域。环境权益交易可通过市场化机制为环境权益确权定价，从而推动生态权益等正外部价值内生化，是优化资源配置、激发企业降碳减排、改善环境的重要工具，也是我国"双碳"目标实现的必要举措。根据国务院发布的《生态文明体制改革总体方案》与"十三五""十四五"规划文件，目前我国主要的环境权益交易涵盖碳排放权、用能权、排污权、水权四个方面，多地已围绕构建多品种、多层次的环境权益交易体系开展多年试点实践。

总体来看，我国环境权益交易市场发展进程逐步加快，覆盖领域有所扩展，形成一定辐射范围。其中，碳排放权交易建设最为典型，基于地方试点的全国碳排放权交易市场运行进一步完善了环境权益定价机制，除西藏外，目前全国其他省份均有企业参与碳排放权交易。此外，排污权交易也已在超半数省份落地，相较而言，水权与用能权交易进程较为缓慢。

从各省份环境权益市场开展情况的梯队分布来看，已开展完善、多种类环境权益交易的省份基本处于第一梯队，上海目前仅开展碳排放权与排污权交易。第二梯队中河北、河南、安徽、重庆、山西等已进行四类环境权益交易相关市场实践或试点。第三梯队中的青海、宁夏已充分开展环境权益交易。

如图 22 所示，除西藏外，全国 30 个省份都开展了某类环境权益交易。其中，13 个省份已开展四类主要的环境权益交易，包括北京、江苏、山东、河北等省份，以浙江、福建等为代表的部分省份已初步建立起完备、分层的环境交易市场及配套机制。从绿色金融改革创新试验区来看，试验区所在六省均已开展较多类型的环境权益交易，其中浙江、江西对四类环境权益交易均有所探索（见表 4）。

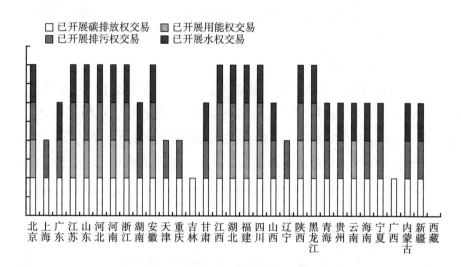

图22　全国开展环境权益交易情况

资料来源：根据公开资料整理。

表4　全国开展环境权益交易情况

开展情况	具体开展省份
四类环境权益交易全部开展	北京、江苏、山东、河北、河南、浙江、安徽、江西、湖北、福建、四川、陕西、黑龙江
已开展三类环境权益交易	广东、湖南、甘肃、山西、青海、贵州、云南、宁夏、海南、内蒙古、新疆
已开展两类环境权益交易	上海、天津、辽宁、重庆
已开展一类环境权益交易	吉林、广西
尚未开展环境权益交易	西藏

资料来源：根据公开资料整理。

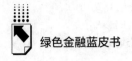

（一）碳排放权交易市场

碳排放权交易市场发展快速。碳排放权交易市场是现阶段环境权益交易最具影响力的市场领域，其通过市场运行机制将企业的节能减排活动转化为实际经济效益，以此激励和推动企业积极开展温室气体减排工作。除此之外，碳排放权交易市场还设置了抵消机制，这使具有碳汇效益的绿色项目也可参与其中，将碳排放吸收的环境效益转化为经济效益，推动林业碳汇等碳减排项目加速发展。

1. 地方碳排放权交易市场

自 2011 年 10 月国家发改委选定北京、上海、天津、广东、湖北、重庆、深圳七省市开展碳排放权交易试点以来，上述各地重点围绕电力、钢铁、水泥等高碳排放、高环境影响行业开展碳排放权益交易试点工作。2016年，新增福建开展碳排放权交易试点。经过多年的碳排放权交易试点工作，截至 2021 年 7 月 16 日全国碳排放权交易市场启动前夕，地方碳排放权交易市场累计交易量达 2.41 亿吨，交易额累计 58.66 亿元，我国地方碳排放权交易试点市场已粗具规模。

从地方试点的交易量来看，湖北的碳排放权累计交易量最大，这与湖北省市场体量大且中部地区仅有湖北一个碳排放权交易试点市场相关。广东的碳排放权交易量略低于湖北，位居第二。深圳、上海、北京等的交易量差距不大，福建虽晚于其他七个试点省市成为试点，但累计交易量与天津、重庆相差不大（见图 23）。

从交易额与成交价来看，湖北与广东两省的交易总额保持领先，两省碳价处于试点省市中等水平。北京成交总额可观，成交价格较高，这与北京市控排行业多、市场交易规则完善等有关。重庆交易总额最低，这与该试点市场成交价长期处于低位存在较大关系。

除上述八大地方碳排放权交易市场外，四川自行开展了碳排放权交易试点并以国家核证自愿减排量（CCER）交易为主。此外，河北、内蒙古等部分省份也已通过参与跨区域碳排放权交易、战略合作等方式，探索碳

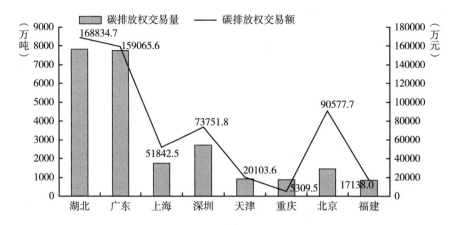

图 23　各地碳排放权交易市场累计交易额与交易量（截至 2021 年 6 月 4 日）
资料来源：碳排放交易网。

排放交易的新路径。在全国碳排放权交易市场正式开市之后，地方试点市场与全国碳市场进入并行状态，除年排放量在 2.6 万吨二氧化碳当量及以上的发电行业重点排放单位外，其他重点排放单位仍继续在试点市场进行交易。

2. 全国碳排放权交易市场

2021 年 7 月 16 日，全国碳排放权交易市场正式上线交易，成为全球最大的碳排放权交易市场。全国碳排放权交易市场的注册登记系统落户武汉，交易中心则在上海，首个履约周期将全国 2225 家电力企业纳入试点交易范围。经过几个月运行，全国市场整体运行平稳，并于 2021 年 12 月 31 日顺利完成碳排放权交易市场首个履约周期。截至 2021 年 12 月 31 日，全国碳排放权交易市场的累计成交量达 1.79 亿吨，累计成交额达 76.61 亿元，成交均价为 42.85 元/吨[①]，履约完成率为 99.5%。

从地域分布来看，山东被纳入全国碳排放权交易市场的重点排放单位数量最多，合计 338 家，江苏、内蒙古位列其后，西南地区省份被纳入全国碳

---

① 碳排放配额的成交均价等于当日配额总成交额除以当日配额总成交量，非累计成交额除以累计成交量。

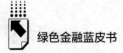

排放权交易市场的企业数量相对较少（见图24）。该分布情况基本与我国能源大省、用电大省的分布结构相一致。

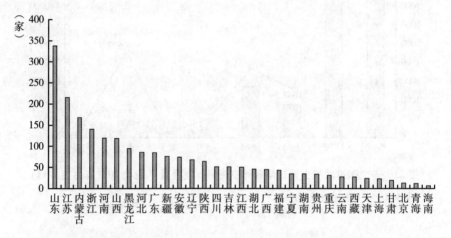

图24 2019~2020年履约周期被纳入全国碳排放权交易市场的企业地区分布

资料来源：根据各省级发改委公开信息整理。

从各省份被纳入全国碳排放权交易市场的企业数量的梯队分布来看，第一梯队省份的重点排放单位数量排名较为靠前，表现出地方经济发展对能源依旧存在较强依赖性。第二梯队省份被纳入的企业数量也较多，个别省份如内蒙古、河南、山西等进入全国前十。

（二）排污权交易市场

排污权交易市场尚未全面铺开。排污权交易是指在控制污染物排放总量的前提下，允许内部污染源之间通过市场交易以排污许可证的方式相互调剂排污量。排污权交易的概念源于美国，我国于1987年正式开展排污权交易试点，但直至2006年相关交易市场的进展仍十分缓慢。2007年，我国明确天津、河北、山西、内蒙古、江苏、浙江、河南、湖北、湖南、重庆、陕西、山东12个省份为国家级试点省份先行先试，不同试点省份需基于自身经济特点与产业结构，形成各具特色的排污权有偿使用与交易体系。截至2021年底，除西藏、吉林、广西外，全国其他28个省份均已陆续开展排污权交易（见表5）。

表5 全国开展排污权交易情况

省份	是否属于12个国家试点	排污权交易工作进展	污染物指标
天津	是	建立天津排放权交易所	二氧化硫、氮氧化物、烟尘、化学需氧量、氨氮
河北	是	开展排污权交易	二氧化硫、氮氧化物、烟尘、化学需氧量、氨氮
山西	是	开展排污权交易	化学需氧量、氨氮、二氧化硫、氮氧化物、烟尘、工业粉尘
内蒙古	是	建立内蒙古排污权交易管理中心	二氧化硫、氮氧化物、化学需氧量、氨氮
江苏	是	建立江苏排污权交易平台	化学需氧量、氨氮、总磷、总氮、二氧化硫、氮氧化物、挥发性有机物
浙江	是	开展排污权有偿使用	化学需氧量、氨氮、二氧化硫、氮氧化物、挥发性有机物
河南	是	建立河南能源环境交易中心	化学需氧量、氨氮、二氧化硫、氮氧化物
湖北	是	开展排污权交易	化学需氧量、氨氮、二氧化硫、氮氧化物
湖南	是	在长沙公共资源交易中心开展交易	二氧化硫、氮氧化物、化学需氧量、氨氮、铅、铬、砷
重庆	是	启动排污权交易市场服务	二氧化硫、化学需氧量、氨氮、氮氧化物、一般工业固废
陕西	是	开展排污权有偿使用和交易	二氧化硫、氮氧化物、化学需氧量、氨氮
山东	是	建立山东排污权交易平台	化学需氧量、氨氮、二氧化硫、氮氧化物
北京	否	启动排污权交易试点	—
辽宁	否	开展排污权交易活动	—
上海	否	自行启动前期工作	—
福建	否	开展排污权交易活动	化学需氧量、氨氮、二氧化硫、氮氧化物
江西	否	完成首单排污权交易	化学需氧量、氨氮、二氧化硫、氮氧化物
广东	否	建立广东省排污权交易平台	二氧化硫、氮氧化物、化学需氧量、氨氮、挥发性有机物、

续表

省份	是否属于12个国家试点	排污权交易工作进展	污染物指标
海南	否	全省开展	二氧化硫、氮氧化物、化学需氧量、氨氮
四川	否	自行开展	—
贵州	否	自行开展	二氧化硫、氮氧化物
云南	否	开展排污权有偿使用与交易	—
甘肃	否	开展排污权交易活动	二氧化硫、氮氧化物、化学需氧量、氨氮
青海	否	西宁排污权交易启动	化学需氧量、氨氮、二氧化硫和氮氧化物
宁夏	否	自行启动前期工作	—
黑龙江	否	多市已自行启动交易	二氧化硫、化学需氧量、氨氮、氮氧化物
新疆	否	建立排污权交易市场	化学需氧量、氨氮、二氧化硫和氮氧化物
安徽	否	在黄山开展排污权交易试点	化学需氧量、氨氮

资料来源：本表在以下文献基础上根据公开资料进行更新：吴文华：《我国排污权有偿使用和交易工作推进现状》，《环境与发展》2018年第4期。

（三）水权交易市场

水权交易试点仍处于探索中。水权交易是指在合理界定和分配水资源使用权的基础上，通过市场机制实现水资源使用权在地区间、流域间、流域上下游、行业间、用水户间流转的行为①。具体而言，水权交易类型分为区域水权交易、取水权交易和灌溉用水户水权交易三种。通过推动多种形式水权交易，用水率低的地区更倾向于开源节流，并将部分用水权转让给用水率高的地区，从而促进水资源的优化配置，提升全社会的用水效率。

2014年7月，水利部启动国家级水权交易试点项目，选取宁夏、江西、湖北、内蒙古、河南、甘肃、广东7个省份开展水权交易试点，河北、新疆、

---

① 《水利部关于印发水权交易管理暂行办法的通知》（水政法〔2016〕156号），http：//www.gov.cn/zhengce/2016-05/22/content_5075679.htm。

山东、山西、陕西、浙江等省份开展了省级水权交易试点，试点工作于2017年底基本完成并通过验收。2016年6月，中国水权交易所在北京成立并开始运营，作为国家级水权交易平台为符合条件的用水户提供水权交易服务。

截至2021年末，中国水权交易所共成交2074单交易，其中灌溉用水户水权交易成交量为1873笔，但是由于单位成交价格较低，成交总额并不大。2018~2021年水权交易金额和单位成交价格分别如图25和图26所示。

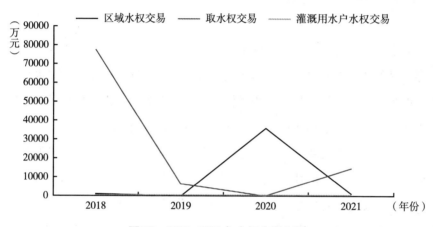

图25 2018~2021年水权交易金额

资料来源：根据公开资料整理。

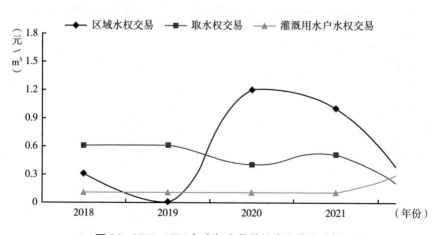

图26 2018~2021年水权交易单位成交价格走势

资料来源：根据公开资料整理。

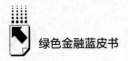

目前，如表6所示，全国共有24个省份已开展水权交易实践。

表6 全国已开展水权交易的省份分布

梯队	省份
第一梯队	北京、广东、江苏、山东、浙江、江西、福建、四川、贵州、新疆
第二梯队	河北、河南、湖南、安徽、甘肃、湖北、山西、陕西
第三梯队	黑龙江、青海、云南、海南、宁夏、内蒙古

资料来源：根据公开信息整理。

从水权交易类型来看，区域水权交易、取水权交易与灌溉用水户水权交易存在显著特点与差异。在中国水权交易所开展区域水权交易、取水权交易的省份数量更多，但交易总量相对较少；开展灌溉用水户水权交易的省份虽较少，但交易总量远高于区域水权交易、取水权交易。

从水权交易地区来看，水权交易主要发生于北部地区，这与当地开展水权交易试点及其作为我国主要农业大省的特点相关。如图27所示，区域水权交易、取水权交易主要集中于山东，2021年累计交易58单，江西、湖南、江苏、内蒙古、甘肃等地位列其后。如图28所示，灌溉用水户水权交易主要集中于北部地区，2021年产生交易的省份为山西、山东、甘肃、河北、湖南。在这些省份中，山东以579单名列第一，山西紧跟其后，2021年共交易550单。

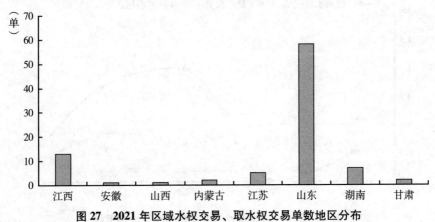

图27 2021年区域水权交易、取水权交易单数地区分布

资料来源：中国水权交易所。

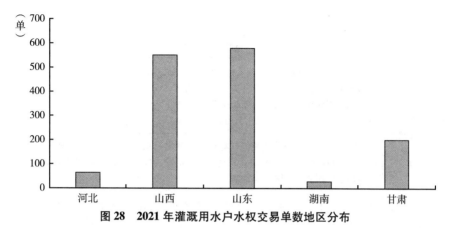

图 28　2021 年灌溉用水户水权交易单数地区分布

资料来源：中国水权交易所。

（四）用能权交易市场

与碳排放权交易市场和排污权交易市场相比，用能权交易市场发展较晚、进展较缓。用能权是指某一周期内规定可以消费的能源量，服务于降低能源消耗总量和强度的"双控"目标。推动用能权交易市场建设兼顾行政手段和经济手段，有利于调整能源结构以及激发企业的节能积极性。

2013 年 11 月，党中央在十三届三中全会通过《中共中央关于全面深化改革若干重大问题的决定》，提出推行碳排放权、排污权、水权交易制度，并明确环境权益交易的发展方针；2016 年 9 月，国家发改委发布《用能权有偿使用和交易制度试点方案》，提出从 2017 年开始在浙江、福建、河南、四川四省开展用能权有偿使用和交易试点（见表 7）；2021 年 3 月，国家"十四五"规划再次明确排污权、用能权、水权、碳排放市场化交易的工作安排。

表 7　用能权国家试点省份纲领性文件及试点范围

省份	纲领性文件及试点范围
浙江	2018 年 8 月，《浙江省用能权有偿使用和交易试点工作实施方案》正式出台。试点范围包括单位工业增加值能耗高于 0.6 吨标准煤/万元的新增能量、一定比例区域年新增能指标、规模以上企业通过淘汰落后产能和压减过剩产能腾出的用能空间、企业通过节能技术改造产生的节能量。逐步将用能存量和规模以下企业淘汰落后产能、压减过剩产能腾出的用能空间纳入交易范围

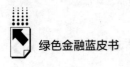

省份	纲领性文件及试点范围
福建	2017年12月，《福建省用能权有偿使用和交易试点实施方案》出台。2017年把省内火力发电（燃煤和燃气，不含自备电厂）和水泥制造（包括粉磨站）两个行业的用能单位纳入用能权交易试点。从2018年起，加快把有色、石化、化工、平板玻璃、钢铁等重点用能行业纳入用能权交易试点范围
河南	2018年7月，发布《河南省用能权有偿使用和交易试点实施方案》，选取郑州、平顶山、鹤壁、济源作为试点城市，将有色、化工、钢铁、建材等重点行业年耗能5000吨标准煤以上的用能企业纳入范围
四川	2018年11月，颁布《四川省用能权有偿使用和交易管理暂行办法（有效期2年）》。重点用能单位为全省内年综合能源消费达到10000吨标准煤及以上（等价值）的企事业单位 2019年3月，四川省发改委公示首批重点用能单位名单，首批纳入钢铁、水泥、造纸三个行业

资料来源：根据各省市政府网站公开政策收集整理。

目前，大部分省份已出台用能权交易相关试点工作方案和通知，一些省份已成功搭建交易平台或在公共资源交易平台增设用能权板块，但距离全国范围推行用能权交易仍有一段距离。截至2021年底，全国已有14个省份开展用能权交易（见表8）。从各个省份的梯队分布来看，开展用能权交易的省份以第一梯队和第二梯队省为主。从绿色金融改革创新试验区来看，除广东、甘肃、贵州外，浙江、江西均已开展用能权相关市场实践。

表8 全国已开展用能权交易的省份分布

梯队	省份
第一梯队	北京、江苏、山东、浙江、江西、福建、四川、
第二梯队	河北、河南、安徽、湖北、陕西
第三梯队	黑龙江、云南

2021年12月，习近平在中央经济工作会议上发表重要讲话，明确提出创造条件尽早实现能耗"双控"向碳排放总量和强度"双控"转变

（简称碳耗"双控"）。在能耗"双控"措施下，能源消费总量囊括某一主体在一定时期消费的各种能源的总和，包括煤、油、气等一次能源和加工转换产生的电力、热力、成品油等二次能源及其他产品，通常采用标准煤作为折算单位，目前部分地区能耗"双控"并没有考虑存量可再生能源的贡献，依然直接将可再生能源电力按火电厂平均发电煤耗折算成标准煤。因此，随着可再生能源消费比例的不断提升，能耗"双控"越来越无法直接反映主体对气候变化的影响，转向碳耗"双控"则可在一定程度上有所改善，由简单的能源消费控制转变为更有针对性地服务于应对气候变化的监管考核。由能耗"双控"向碳耗"双控"转变，一方面，更加鲜明地突出控制化石能源消费的政策导向，有利于鼓励和推动可再生能源进一步发展，加快能源结构转型；另一方面，有利于统筹发展和减排、统筹能源安全和转型，可以更多依靠非化石能源的增长，来满足能源消费合理的增长。这一转变会对用能权交易市场产生影响，《中共中央 国务院关于完整准确全面贯彻新发展理念做好碳达峰碳中和工作的意见》《2030年前碳达峰行动方案》中均提出了生产总值能耗下降的具体目标，预计碳耗"双控"逐渐将成为核心考核指标，同时能耗"双控"指标也将作为考核重点以保证能耗强度逐年降低，用能权市场流动性或将收紧，但仍会是区域环境权益交易的重要方式。

七　绿色金融的国际合作

绿色金融的国际合作是中国人民银行绿色金融框架的"五大支柱"（即标准体系、信息披露、激励机制、产品创新、国际合作）之一。积极参与绿色金融国际合作，有助于提升金融机构自身的社会和环境风险管理能力，探索绿色金融创新，拓宽服务领域，打造绿色品牌扩大影响力。当前，赤道原则、联合国环境规划署金融倡议对金融机构尤其是银行业的绿色金融发展起到重要作用。近年来，我国参与两大公约的银行数量逐渐增多，体现出中国银行业等金融机构在绿色金融领域的国际合作意识增强。

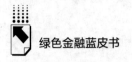

（一）赤道原则

赤道原则（EPs）是由世界主要金融机构根据国际金融公司（IFC）和世界银行（World Bank）的可持续发展政策与指南建立并形成的自愿性金融行业基准，旨在判断、评估和管理项目融资中的环境与社会风险。采纳赤道原则的银行要结合项目分类审查其环境和社会风险，在借款合同中嵌入承诺性条款，并聘请独立外部专家审查项目的社会和环境评估报告、行动计划以及磋商披露的记录等资料，对项目建设和运营实施持续监管，并定期披露银行在赤道原则方面的实施状况。2019年4月，赤道原则协会发布了赤道原则4.0草案（EP4），在适用范围、指定国家与非指定国家的适用标准、人权和社会风险以及气候变化4个关键领域，对赤道原则3.0进行了修订，EP4的生效日期为2020年7月1日。

2003年6月，包括4家发起银行在内的10家银行宣布接受赤道原则，到2007年12月增加到56家，业务遍及全球100多个国家。2017年底，全球宣布采纳赤道原则的金融机构已有92家，来自37个国家，项目融资额约占全球融资总额的85%。截至2021年12月底，全球共38个国家和地区的134个金融机构宣布正式采用赤道原则成为"赤道金融机构"（EPFI）。我国目前已有9家"赤道银行"，其中2021年新增数量多达3家。国内9家"赤道银行"分别是兴业银行、江苏银行、湖州银行、重庆农村商业银行、绵阳市商业银行、贵州银行、重庆银行、福建海峡银行和威海市商业银行，包含股份制银行、城商行与农商行（见表9）。

表9　我国9家"赤道银行"

机构名称	加入时间	注册地所在省份
兴业银行	2008年7月	福建
江苏银行	2017年1月	江苏
湖州银行	2019年7月	浙江
重庆农村商业银行	2020年2月	重庆
绵阳市商业银行	2020年7月	四川

机构名称	加入时间	注册地所在省份
贵州银行	2020 年 11 月	贵州
重庆银行	2021 年 2 月	重庆
福建海峡银行	2021 年 12 月	福建
威海市商业银行	2021 年 12 月	山东

资料来源：根据公开资料整理。

按区域分布来看，截至 2021 年 12 月，我国 9 家赤道银行多分布于我国绿色金融起步较早的第一梯队省份。兴业银行是我国首家"赤道银行"，于 2008 年 7 月宣布采纳赤道原则。为实现赤道原则落地，在随后长达一年的采纳过渡期里，兴业银行从公司治理、制度建设、能力建设、项目审查、客户意识培养以及交流合作 6 个方面全面构建赤道原则管理体系，使赤道原则与银行本身核心业务深度融合。兴业银行自 2006 年开始探索绿色金融业务，经过 10 多年的实践，兴业银行通过践行赤道原则中关于项目融资的环境与社会风险管理理念，持续提升自身可持续发展能力，在产品创新、同业合作、国际交流等领域取得成效，建立了较为先进的可持续银行经营管理机制。2021 年年报显示，兴业银行累计对 1592 笔项目开展赤道原则适用性判断，其中，适用赤道原则项目 919 笔，项目总投资 38541 亿元。截至 2021 年报告期末，绿色金融融资余额达 1.39 万亿元，较上年末增长 19.98%；符合央行口径的绿色贷款余额达 4539 亿元，较上年末增长 42.11%。在绿色信贷不良贷款率方面，国内银行普遍较低，兴业银行的不良贷款率为 0.49%。

随后几年，不少城商行积极加入推动绿色金融国际合作的行列，适应国际可持续发展标准。2017 年，江苏银行宣布在国内城商行中率先采纳赤道原则；2020 年，重庆农村商业银行、绵阳市商业银行、贵州银行相继宣布采纳赤道原则。除了兴业银行以外，我国其余 8 家"赤道银行"均是地方城商行或农商行。地方性银行在当地具有较为雄厚的业务基础，了解当地的产业结构、经济发展状况、企业经营环境等，可以结合当地特色以及自身较为灵活的业务模式，将社会和环境可持续发展原则与地方生态相结合，推动绿色金融业务发展。

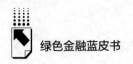

（二）联合国责任投资原则

联合国责任投资原则组织由联合国前秘书长科菲·安南于 2006 年牵头发起，旨在促使市场投资者、利益相关方在进行投融资活动过程中考虑环境、社会和公司治理（ESG）等要素对投资价值产生的影响，签署机构需在公司投资战略与经营管理等方面采纳 6 项责任投资原则。目前联合国责任投资原则组织已发展成为覆盖全球各地资产拥有者、资产管理者以及服务提供者的国际金融机构网络，对全球绿色可持续投融资活动产生深远的影响。

截至 2021 年底，全球宣布采纳联合国责任投资原则的机构数量已经达到 4518 家，组织成员资产总额达 30 万亿美元，管理的资产超过 120 万亿美元①。其中，中国大陆地区签署联合国责任投资原则的机构共 80 家，包括 60 家投资机构、16 家服务机构和 4 家资产管理机构（见表 10）。

表 10　中国大陆地区签署联合国责任投资原则的机构基本情况（截至 2021 年 12 月）

签署机构	加入年份	所在省份
兴证全球基金管理有限公司	2012	上海
安联保险资产管理有限公司	2014	北京
南京爱瑞创业投资管理有限公司	2016	江苏
绿动投资管理有限公司	2017	北京
中加基金管理有限公司	2017	北京
绿色信用评级有限公司	2017	北京
北京融智企业社会责任研究院	2018	北京
上海彬元资产管理有限公司	2018	上海
深圳市前海蓝海资本管理有限公司	2018	广东
博时基金管理有限公司	2018	广东
北京蓝驰禾创管理咨询有限公司	2018	北京
碳阻迹(北京)科技有限公司	2018	北京
建信基金管理有限责任公司	2018	北京
北京大钲管理咨询有限公司	2018	北京

---

① https://www.unpri.org/pri/about-the-pri.

签署机构	加入年份	所在省份
深圳世纪天河绿色能源投资有限公司	2018	广东
中国盛世投资有限公司	2018	北京
社会价值投资联盟	2018	广东
华夏基金管理有限公司	2018	北京
中国国际金融股份有限公司	2019	北京
中国人寿资产管理有限公司	2019	北京
招商基金管理有限公司	2019	广东
中国太平洋保险(集团)股份有限公司	2019	上海
中证指数有限公司	2019	上海
南方基金管理股份有限公司	2019	广东
汇添富基金管理股份有限公司	2019	上海
博锐尚格科技股份有限公司	2019	北京
深圳市现代诚达信基金管理有限公司	2019	广东
兴业银行股份有限公司	2019	福建
第一创业证券股份有限公司	2019	广东
北京中基富海科技有限公司	2019	北京
上海清新投资管理有限公司	2019	上海
高成资本管理有限公司	2020	北京
广发基金管理有限公司	2020	广东
责扬天下(北京)管理顾问有限公司	2020	北京
歌斐资产管理有限公司	2020	江苏
长城国瑞证券有限公司	2020	福建
绿创基金管理(海南)有限公司	2020	海南
绿地金融投资控股集团有限公司	2020	上海
国泰基金管理有限公司	2020	上海
国元证券股份有限公司	2020	安徽
杭州尚合时代投资管理有限公司	2020	浙江
厦门潜丰股权投资基金管理有限公司	2020	福建
恒丰银行资产管理部	2020	山东
羲融善道(深圳)创业投资有限公司	2020	广东
海富通基金管理有限公司	2020	上海
江苏弘晖股权投资管理有限公司	2020	江苏
山行投资管理(北京)有限公司	2020	北京
高瓴资本集团	2020	北京

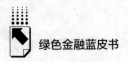

续表

签署机构	加入年份	所在省份
福成投资集团有限公司	2021	河北
华泰证券股份有限公司	2021	江苏
华夏银行股份有限公司	2021	北京
华宝基金管理有限公司	2021	上海
海银财富管理有限公司	2021	上海
工银瑞信基金管理有限公司	2021	北京
IDG 资本投资顾问(北京)有限公司	2021	北京
山东杰德投资有限公司	2021	山东
昆吾九鼎投资控股股份有限公司	2021	江西
北京愉悦资本投资管理有限公司	2021	北京
中琪(上海)资产评估有限公司	2021	上海
华民君联资本投资有限公司	2021	北京
领沨资本管理有限公司	2021	西藏
艾尔姆(中国)投资有限公司	2021	天津
上海正心谷投资管理有限公司	2021	上海
深圳市麦星投资管理有限公司	2021	广东
苏州松毅创业投资管理有限公司	2021	江苏
摩根士丹利华鑫基金管理有限公司	2021	广东
晨星资讯(深圳)有限公司	2021	广东
和玉股权投资基金管理(天津)有限公司	2021	天津
上海诺亚投资管理有限公司	2021	上海
东方证券股份有限公司	2021	上海
鹏华基金管理有限公司	2021	广东
北京鹏盛投资担保有限公司	2021	北京
中国平安保险(集团)股份有限公司	2021	广东
深圳市润土投资管理有限公司	2021	广东
平安国蕴(北京)科技有限公司	2021	北京
北京秩鼎技术有限公司	2021	北京
再石科技(上海)有限公司	2021	上海
北京沃衍资本管理中心	2021	北京
国投创益产业基金管理有限公司	2021	北京
上海格林曼环境技术有限公司	2021	上海

资料来源：UN PRI。

从签署机构增长速度来看，自 2012 年中国兴证全球基金管理有限公司签署联合国责任投资原则成为国内首家签约机构开始，我国签署联合国责任投资原则的机构逐渐稳定增长。如图 29 所示，2021 年中国大陆新增签署机构达到 32 家，相比 2020 年翻了一番，呈井喷式增长。这与 2021 年国家鼓励开展环境信息披露，ESG 理念越发受到投资者与利益相关方青睐相关。

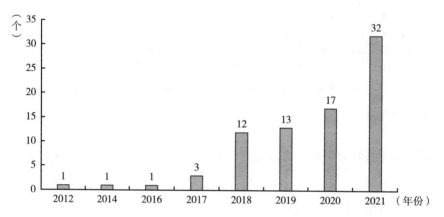

图 29　2012～2021 年新增联合国责任投资原则签署机构数量

资料来源：UN PRI。

从签署机构注册地来看，大部分签署机构集中于北京、上海、广东三地。其中，注册地位于北京的签署机构最多，达 29 家；上海和广东以 17 家和 16 家签署机构位列第二和第三；江苏、福建、山东、天津、海南等地也有少数签署机构（见图 30）。

（三）"一带一路"绿色投资原则

"一带一路"绿色投资原则（GIP）是由中国金融学会绿色金融专业委员会与伦敦金融城绿色金融倡议组织于 2018 年 11 月联合发起的倡议。该倡议以"政策沟通、设施联通、贸易畅通、资金融通、民心相通"为正式目标，旨在推动"一带一路"沿线地区的绿色投资与可持续发展。在自愿基础上，该倡议提出包含战略、运营与创新在内的 7 项原则，通过鼓励签署机

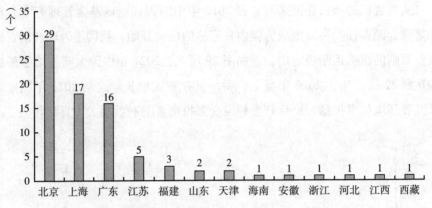

图 30　我国签署联合国责任投资原则的机构注册地分布情况

资料来源：UN PRI。

构在公司战略管理中纳入可持续发展理念与 ESG 因素，推动绿色可持续发展理念自上而下落实，同时关注利益相关方在运营沟通方面的畅通性，采用风险分析模型与信息共享、冲突解决机制控制环境与社会风险。该倡议致力于通过金融手段支持绿色"一带一路"建设，将环境因素融入项目规划和建设中，通过环境风险分析、强化披露和产品创新，将扩大绿色投资、减少碳密集和污染性投资纳入"一带一路"倡议中。该倡议鼓励签署机构加快对创新型绿色金融工具与绿色供应链的应用，自上而下、由内而外地落实可持续发展理念。

截至 2021 年 12 月，GIP 的成员范围已经扩大至 39 家签署机构和 12 家支持机构，分别来自全球 14 个国家和地区。中国大陆地区共 15 家机构签署 GIP（见表 11），国务院、银保监会、中国人民银行、商务部、国家发改委等政府部门也为该倡议提供引导与支持。

从分布情况来看，由于北京总部经济优势突出，地区发展水平在全国处于前列，银行实力较为雄厚且在绿色金融领域发展领先，目前 GIP 签署机构注册地主要集中于北京，多达 10 家（见图 31），包括中国进出口银行、国家开发银行、中国银行等大型金融机构。浙江、上海、广东、福建等省份也已有相关金融机构签署 GIP。

表 11　中国大陆地区 GIP 现有签署机构基本情况

机构名称	注册地点
中国农业银行	北京
中国农业发展银行	北京
中国银行	北京
中国建设银行	北京
中国国家开发银行	北京
中国对外承包商会	北京
中国国际金融股份有限公司	北京
中国进出口银行	北京
中国工商银行	北京
丝路基金	北京
蚂蚁集团	浙江
中国太平洋保险股份有限公司	上海
中国平安保险集团股份有限公司	广东
中国兴业银行	福建
新疆金风科技	新疆

资料来源："一带一路"绿色发展国际联盟（BRIGC），https：//www. green-bri. org/zh-hans/brigc/。

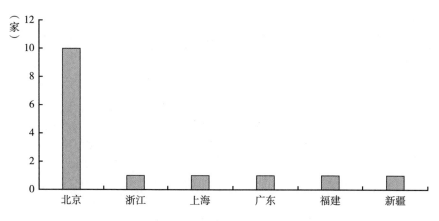

图 31　我国 GIP 签署机构注册地分布情况

资料来源："一带一路"绿色发展国际联盟（BRIGC），https：//www. green-bri. org/zh-hans/brigc/。

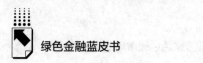

参考文献

中国人民银行:《2021年金融机构贷款投向统计报告》,2021。

中国工商银行:《中国工商银行股份有限公司社会责任(ESG)报告(2021)》,2021。

财政部政府和社会资本合作中心全国PPP综合信息平台项目管理库,2021年3月报,http://www.cpppc.org/ptgg/999950.jhtml。

专题报告
Special Report

B . 5
绿色金融支持"双碳"目标的现状与趋势*

万秋旭 乔诗楠 汪 洵 金子曦 傅奕蕾**

摘 要: 绿色低碳发展是经济社会发展全面转型的复杂工程和长期任务。目前,在"双碳"目标下,中国在绿色金融政策体系构建和市场实践方面已经取得一定进展,初步构建了资源共享的绿色金融平台,对国内产业结构调整、生态环境改善发挥了积极作用。在战略方向层面,中共中央、国务院明确"双碳"目标实现与低碳循环发展的总体要求与关键行动,助力"双碳"目标实现成为绿色金融发展的重要目标之一;在区域指导层面,基于中国特色国情、区域资源禀赋与区位优势的区域总体绿色规划陆

* 本报告如无特殊说明,数据均来源于中央财经大学绿色金融国际研究院所建设的地方绿色金融数据库。本报告评价方法详细可参见本书技术报告。

** 万秋旭,中央财经大学绿色金融国际研究院研究员,研究方向为地方绿色金融、绿色产业;乔诗楠,中央财经大学绿色金融国际研究院助理研究员,研究方向为绿色金融、ESG;汪洵,中央财经大学绿色金融国际研究院研究员,研究方向为绿色金融、绿色产业;金子曦,中央财经大学绿色金融国际研究院研究员,研究方向为产业经济、碳金融;傅奕蕾,中央财经大学绿色金融国际研究院研究员,研究方向为绿色金融、金融工具。

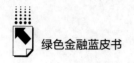
续推出；在支持领域层面，生物多样性、生态产品价值实现、新能源高质量发展等理念也在融入发展目标，促进相关领域在全国范围内推广实践；在地方政策层面，多地明确表示要扎实做好碳达峰、碳中和各项工作；在国际合作方面，积极利用各类多边、双边平台及合作机制推动绿色金融合作和国际交流，以提升国际社会对我国绿色金融政策、标准、产品、市场的认可度。随着数字技术的发展，金融科技手段与绿色金融业务深度融合，金融科技在绿色金融领域的应用场景不断丰富。相较于金融科技，绿色金融科技是以"绿色"为发展核心，突出强调应用大数据、区块链和物联网等工具和手段支持绿色金融产品与服务创新，为提升绿色金融投放效率与投放精准度提供支持。未来，在我国实现"双碳"目标的重要战略引领下，需要进一步创新绿色低碳发展模式，采取措施主动适应气候变化，各地区也要充分发挥绿色金融支持绿色发展的资源配置、风险管理和市场定价三大功能，推动产业结构、能源结构、投资结构的绿色化升级。

关键词： "双碳"目标　碳金融　金融科技

一　绿色金融支持"双碳"目标的政策部署

（一）绿色金融是支持"双碳"目标的重要工程

在战略方向层面，中共中央、国务院明确"双碳"目标实现与低碳循环发展的总体要求与关键行动，助力"双碳"目标实现成为绿色金融发展的重要目标之一。自 2016 年多部门联合发布绿色金融纲领性文件以来，我国进入构建绿色金融体系的探索阶段，并在制定绿色金融政策标准、加快绿色金融产品创新、完善绿色金融配套措施等方面取得丰硕成果。2020 年，习近平在第七十五届联合国大会一般性辩论上提出"3060"双碳重大战略目标。2021 年《关于完整准确全面贯彻新发展理念做好碳达峰碳中和工作的意见》《关于印发 2030 年前碳达峰行动方案的通知》中的工作部署，以及 2022 年中央经济工作会议对"推动能耗'双控'向碳排放总量与强度'双控'转变"任务的定调，进一步推动绿色金融工作重心转向支持"双碳"目标落实。

在区域指导层面，基于中国特色国情、区域资源禀赋与区位优势的区域总体绿色规划陆续推出。2020 年以来，中央围绕西部、长三角、粤港澳、成渝等区域给予有针对性的高质量发展意见，引导各地区充分发挥自身优势，摸索符合自身特色的绿色转型发展道路。对于西部地区，加强生态功能区保护，以绿色普惠金融力量加大扶贫与产业支持力度并提升基础设施建设的融资能力，同时鼓励部分地区发挥"一带一路"沿线区位优势与周边国家和地区开展"一带一路"绿色合作。对于浙江，全面推进生产生活方式绿色转型，高标准促进节约能源资源，促进人与自然和谐共生，锚定共同富裕示范区高质量落成。2021 年 6 月，中共中央、国务院在《关于支持浙江高质量发展建设共同富裕示范区的意见》中提到高标准制定并实施浙江省碳排放达峰行动方案，大力发展绿色金融。对于粤港澳前海深港区域，利用对外开放窗口探索跨境金融业务创新，深化粤港澳绿色金融合作，促进标准统一并与国际接轨。2021 年 9 月，中共中央、国务院发布《全面深化前海深港现代服务业合作区改革开放方案》，指出深化粤港澳绿色金融合作，探索建立统一的绿色金融标准，为内地企业利用港澳市场进行绿色项目融资提供服务。对于成渝地区，主打西部金融中心建设，探索区域股权市场、环境权益交易市场及跨境金融产品实践，引导结合生态保护与补偿、公园城市打造等建设绿色发展经济带。2021 年 10 月，《成渝地区双城经济圈建设规划纲要》正式发布，中共中央、国务院在政策中提出积极支持区域金融改革创新，开展绿色金融、金融科技等创新试点，为区域金融支持碳达峰、碳中和行动的有效实施探路。

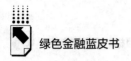

在支持领域层面，生物多样性、生态产品价值实现、新能源高质量发展等理念也在融入发展目标，促进相关领域在全国范围内推广实践。在生物多样性领域，基于国际上当前备受关注的"生物多样性"议题及我国承办国际生物多样性保护大会的契机，中共中央出台《关于进一步加强生物多样性保护的意见》，健全相关法规与政策制度，加强保护监测与安全管理，并落实生态环境损害赔偿、生态保护补偿等财税政策，激励金融市场运用资金力量关注该领域。在生态产品价值实现领域，发布《关于建立健全生态产品价值实现机制的实施意见》，促进生态产品调查监测、评估流程规范化，建立生态产品创新开发与保障机制，在全国推广生态产品价值实现先进案例，加大绿色金融支持力度，鼓励融资担保、中长期贷款、资产证券化在生态产品价值实现领域的探索。在新能源高质量发展领域，国务院转发《关于促进新时代新能源高质量发展实施方案的通知》，其中针对新能源项目，要求合理界定信用评级并加大绿色债券、绿色信贷支持力度，尝试引入REITs 信托基金试点，并鼓励将新能源温室气体核证减排量纳入全国碳排放权交易。

在地方政策层面，多地明确表示要扎实做好碳达峰、碳中和各项工作。2021 年，全国各省份在"十四五"规划和 2035 年远景目标中均对实现"双碳"目标的相关工作开展了专门部署，部分省份已经发布当地做好碳达峰、碳中和工作的实施意见，并制定 2030 年前碳排放达峰行动方案。除此之外，一些地区基于发展基础与比较优势，做了窗口性质的示范。浙江省发布《关于完整准确全面贯彻新发展理念做好碳达峰碳中和工作的实施意见》，提出以数字化改革撬动经济社会发展，促进全面绿色转型，加快构建涵盖能源、工业、建筑、交通、农业、居民生活、碳汇的"6+1"领域碳达峰体系，同时印发《浙江省碳达峰碳中和科技创新行动方案》，提出具体的科技创新技术路线图和行动计划，抢抓碳达峰、碳中和技术制高点。江西省发布《关于完整准确全面贯彻新发展理念做好碳达峰碳中和工作的实施意见》，提出将严格落实国家节能减排约束性指标，坚持"适度超前、内优外引、以电为主、多能互补"的原则，积极稳妥地发展光伏、风电、生物质能等新能源，力争到 2025 年装机总量达到 1900 万千瓦以上。江苏省 2021 年、2022 年连续发布推动碳达峰、碳中和的工作计划，2022 年聚焦"减污降碳"总要求，提出推动减污降碳协同控制、推进碳排放权交易、建设碳普惠体系、完善碳排放统计监测体系、加强碳达峰碳中和政策技术研究、强化组织保障等多方面任务。河北省出台《关于完整准确全面贯彻新发展理念认真做好碳达峰碳中和工作的实施意见》，提出将组建中国雄安绿色交易所，并提出围绕疏解北京非首都功能，探索建立跨省碳排放分担机制。

（二）绿色金融支持"双碳"目标的专项部署

金融监管部门明确以绿色金融推动"双碳"目标实现的总体安排，合力引导并推动在"双碳"目标下金融机构持续拓展绿色金融服务范围并加强能力建设。

中国人民银行在 2021 年初步确立了绿色金融发展的"三大功能""五大支柱"作为理论基础，即充分发挥金融资源配置、风险管理与市场定价"三大功能"，以完善绿色金融标准体系、强化金融机构监管与信息披露要求、逐步完善激励约束机制、丰富绿色金融产品与市场体系、积极拓展绿色金融国际合作为"五大支柱"，形成我国绿色金融的支撑，并围绕此开展政策制定与市场指导。在金融资源配置方面，除持续深化绿色金融发展外，逐步引入转型金融概念对绿色金融形成补充，积极推出煤炭清洁高效利用专项再贷款工具，支持煤炭安全高效绿色智能开采、煤炭清洁高效加工、煤电清洁高效利用等。同时，发布新版绿色债券目录，不仅落实了对绿色债券标准的科学修订，拓展了支持领域，而且实现了各类绿色债券评估标准之间，以及与中国其他绿色金融（如绿色信贷）标准之间的统一，同时兼顾了与国际绿色项目判断标准的协同。在风险管理方面，重视提升金融机构应对气候变化带来的物理风险与转型风险的能力，陆续组织部分金融机构连续开展多个重点领域的气候风险环境压力测试，充分评估银行业金融机构在碳达峰、碳中和目标下应对相关风险的能力，并于 2021 年发布《金融机构环境信息披露指南》，在部分地区开展全域金融机构环境信息披露试点工作，打破信息壁垒，提升透明度。在市场定价方面，发布了《环境权益融资工具》，以绿色金融拓宽市场化渠道，同时引入碳减排支持工具撬动更多资金投向绿色低碳领域，成效显现。此外，在绩效评估层面，中国人民银行印发《银行业金融机构绿色金融评价方案》，定性和定量评价相结合，进一步提升金融机构自主性（见表1）。

银保监会积极推动金融产品创新与风险管理，整合区域碳金融市场，鼓励银行、保险机构积极参与碳市场建设，持续创新绿色债券、绿色信托等绿色金融产品和服务，强化环境与社会风险管理，聚焦绿色保险地方实践探索，推动应对气候变化投融资国内与国际工作。2021年9月，《关于加强产融合作推动工业绿色发展的指导意见》印发，中国人民银行、银保监会强调引导金融资源为工业绿色发展提供精准支持的重要性，并提出碳核算与绿色金融标准体系建设、产融合作金融平台搭建、绿色融资与产品投放力度加大、金融科技推动绿色金融发展等重点举措。

表1 金融监管部门2021年绿色金融相关政策梳理

政策名称	主要内容
《银行业金融机构绿色金融评价方案》	面向24家银行业金融机构，针对绿色金融业务（包括境内绿色贷款与绿色债券）开展评价统计。定量80%，定性20%；考核内容包括绿色金融业务总额占比、绿色金融业务总额份额占比、绿色金融业务总额同比增速、绿色金融业务风险总额占比等。评价结果将纳入央行金融机构评级等中国人民银行政策与审慎管理工具，鼓励银行业金融机构主动披露绿色金融评价结果
《金融机构环境信息披露指南》	对金融机构环境信息披露形式、频次、应披露的定性及定量信息等方面提出要求，并根据各金融机构的实际运营特点，对商业银行、资产管理公司、保险公司、信托公司等金融子行业的定量信息测算及依据提出指导意见
《环境权益融资工具》	明确了环境权益融资工具的分类，从实施主体、融资标的、价值评估、风险控制等方面规定了环境权益融资工具的总体要求，提出了三种目前典型的环境权益融资工具的实施流程，为企业和金融机构开展环境权益融资活动提供指引
碳减排支持工具政策	央行推出碳减排支持工具和2000亿元煤炭清洁高效利用专项再贷款，重点支持清洁能源、节能环保和碳减排技术三个碳减排领域，贷款服务项目均属于碳减排重点领域内具有显著碳减排效应的项目

政策名称	主要内容
《绿色债券支持项目目录（2021 年版）》	绿色债券是指将募集资金专门用于支持符合规定条件的绿色产业、绿色项目或绿色经济活动，依照法定程序发行并按约定还本付息的有价证券，包括但不限于绿色金融债券、绿色企业债券、绿色公司债券、绿色债务融资工具和绿色资产支持证券

资料来源：根据公开资料整理。

（三）绿色金融支持"双碳"目标的政策协同

"双碳"目标提出后，各行业、各领域的配套政策措施陆续发布。在标准建设方面，2021 年 10 月，中共中央、国务院印发《国家标准化发展纲要》，提出继续加强绿色发展标准化保障，建立健全绿色金融等绿色发展标准。在城乡建设方面，2021 年 10 月，中共中央、国务院发布《关于推动城乡建设绿色发展的意见》，提出完善绿色金融体系，实施城乡建设领域碳达峰、碳中和行动。在工业方面，2021 年 10 月，国家发改委联合工信部、国家能源局等五部门发布《关于严格能效约束推动重点领域节能降碳的若干意见》，提出积极发展绿色金融，推动重点工业领域节能降碳和绿色转型，确保如期实现"双碳"目标。在交通方面，2021 年 10 月，交通运输部印发《绿色交通"十四五"发展规划》，提出推动研究绿色金融支持交通运输绿色发展相关政策，服务国家碳达峰、碳中和目标。

总体来看，国家发改委、工信部、国家能源局、生态环境部等多部门初步形成产业低碳发展的总体要求，为绿色金融应用提供参照。一是绿色产业发展政策脉络清晰。自 2019 年国家发改委、生态环境部、中国人民银行等七部门联合印发《绿色产业指导目录（2019 年版）》以来，绿色产业的范畴界定逐渐明晰，各部门能更具指向性地为节能环保、清洁生产、清洁能源、生态环境、基础设施绿色升级、绿色服务六大类绿色产业提供财政、金融、技术、法规等全方位支持。同时，国家发改委进一步印发《绿色技术推广目录（2020 年）》，对绿色技术创新与应用形成积极引导。二是传统产业低碳转型政策明确。以坚决遏制高耗能、高排放项目盲目扩张为主线，以确保能源供给安全为底线，围绕节能、减排、增汇三大核心，对传统产业低碳转型形成指导，并针对完善能源绿色低碳转型体制机制、促进电力源网荷储一体化和多能互补发展、推动石化行业高质量发展、促进工业资源综合利用等形成细化意见，同时对部分重点高碳产业的能效基准水平和标杆水平提出实施目标与要求，以严格的能效约束推动重点领域节能降碳。

气候投融资作为绿色金融的重要组成部分与实现"双碳"目标的助推器①，正在有序推进。2020 年 10 月，生态环境部、国家发改委等五部门联合发布《关于促进应对气候变化投融资的指导意见》，提出加强气候投融资与绿色金融的政策协调配合，从政策、标准、社会资本、区域试点等方面推进绿色金融发展。2021 年 11 月，中共中央、国务院发布《关于深入打好污染防治攻坚战的意见》，提出大力发展绿色信贷、绿色债券、绿色基金，加快发展气候投融资，在环境高风险领域依法推行环境污染强制责任保险等。2021 年 12 月，生态环境部联合国家发改委、央行等九部门联合印发《关于开展气候投融资试点工作的通知》，配套发布《气候投融资试点工作方案》，正式启动了我国气候投融资地方试点的申报工作，引导市场资金投向气候领域。其中，《气候投融资试点工作方案》在 2020 年五部门联合印发的《关于促进应对气候变化投融资的指导意见》的基础上，细化了构建全球气候投融资体系，助力"双碳"目标达成的具体路径和方法（见表 2）。

表 2　国家绿色金融相关政策梳理（截至 2021 年 12 月）

时间	发布机构	政策名称	核心内容
2020 年 4 月	中共中央、国务院	《关于构建更加完善的要素市场化配置体制机制的意见》	建立县域银行业金融机构服务"三农"的激励约束机制。推进绿色金融创新。完善金融机构市场化法治化退出机制

---

① 王文：《气候投融资与中国绿色金融方向》，《中国金融》2022 年第 12 期。

续表

时间	发布机构	政策名称	核心内容
2020年5月	国家发改委、科技部、工信部、生态环境部、银保监会、全国工商联	《关于营造更好发展环境 支持民营节能环保企业健康发展的实施意见》	加大绿色金融支持力度。鼓励金融机构将环境、社会、治理要求纳入业务流程,提升对民营节能环保企业的绿色金融专业服务水平,大力发展绿色融资
2020年5月	中共中央、国务院	《关于新时代推进西部大开发形成新格局的指导意见》	增加绿色金融供给,推动西部地区经济绿色转型升级。依法合规探索建立西部地区基础设施领域融资风险分担机制
2020年10月	生态环境部、国家发改委、中国人民银行、银保监会、证监会	《关于促进应对气候变化投融资的指导意见》	加快推动气候投融资相关政策与实现国家应对气候变化和低碳发展中长期战略目标及国家自主贡献间的系统性响应,加强气候投融资与绿色金融的政策协调配合
2020年11月	中共中央	《中共中央关于制定国民经济和社会发展第十四个五年规划和二〇三五年远景目标的建议》	强化绿色发展的法律和政策保障,发展绿色金融,支持绿色技术创新,推进清洁生产,发展环保产业,推进重点行业和重要领域绿色化改造
2021年2月	中共中央、国务院	《关于加快建立健全绿色低碳循环发展经济体系的指导意见》	大力发展绿色金融。发展绿色信贷和绿色直接融资,加大对金融机构绿色金融业绩评价考核力度
2021年4月	中国人民银行、国家发改委、证监会	《绿色债券支持项目目录(2021年版)》	绿色债券是重要的绿色金融工具。对绿色债券支持领域和范围进行科学统一界定,有助于提升我国绿色债券的绿色程度和市场认可度
2021年5月	生态环境部、商务部、国家发改委、住房和城乡建设部、中国人民银行、海关总署、国家能源局、国家林业和草原局	《关于加强自由贸易试验区生态环境保护推动高质量发展的指导意见》	探索绿色债券、绿色股权投融资业务,支持生态环境治理和节能减排
2021年6月	中共中央、国务院	《关于支持浙江高质量发展建设共同富裕示范区的意见》	高标准制定实施浙江省碳排放达峰行动方案。推进排污权、用能权、用水权市场化交易,积极参与全国碳排放权交易市场。大力发展绿色金融

续表

时间	发布机构	政策名称	核心内容
2021年9月	中共中央、国务院	《全面深化前海深港现代服务业合作区改革开放方案》	深化粤港澳绿色金融合作,探索建立统一的绿色金融标准,为内地企业利用港澳市场进行绿色项目融资提供服务
2021年9月	中共中央、国务院	《关于完整准确全面贯彻新发展理念做好碳达峰碳中和工作的意见》	积极发展绿色金融。有序推进绿色低碳金融产品和服务开发,设立碳减排货币政策工具,将绿色信贷纳入宏观审慎评估框架,引导银行等金融机构为绿色低碳项目提供长期限、低成本资金
2021年10月	中共中央、国务院	《国家标准化发展纲要》	建立健全绿色金融、生态旅游等绿色发展标准。建立绿色建造标准,完善绿色建筑设计、施工、运维、管理标准
2021年10月	中共中央、国务院	《成渝地区双城经济圈建设规划纲要》	积极支持区域金融改革创新,开展绿色金融、金融科技等创新试点,在成都建设基于区块链技术的知识产权融资服务平台
2021年10月	中共中央、国务院	《关于推动城乡建设绿色发展的意见》	加大财政、金融支持力度,完善绿色金融体系,支持城乡建设绿色发展重大项目和重点任务
2021年10月	国家发改委、工信部、生态环境部、国家市场监管总局、国家能源局	《关于严格能效约束推动重点领域节能降碳的若干意见》	积极发展绿色金融,设立碳减排支持工具,支持金融机构在风险可控、商业可持续的前提下,向碳减排效应显著的重点项目提供高质量的金融服务
2021年10月	中共中央、国务院	《2030年前碳达峰行动方案》	完善绿色金融评价机制,建立健全绿色金融标准体系。大力发展绿色贷款、绿色股权、绿色债券、绿色保险、绿色基金等金融工具,设立碳减排支持工具,引导金融机构为绿色低碳项目提供长期限、低成本资金,鼓励开发性、政策性金融机构按照市场化、法治化原则为碳达峰行动提供长期稳定的融资支持
2021年10月	交通运输部	《绿色交通“十四五”发展规划》	积极争取国家绿色发展基金、国家低碳转型基金等资金支持,推动研究绿色金融支持交通运输绿色发展相关政策

时间	发布机构	政策名称	核心内容
2021 年 11 月	中共中央、国务院	《关于深入打好污染防治攻坚战的意见》	大力发展绿色信贷、绿色债券、绿色基金,加快发展气候投融资,在环境高风险领域依法推行环境污染强制责任保险,强化对金融机构的绿色金融业绩评价
2021 年 11 月	国务院	《国务院关于支持北京城市副中心高质量发展的意见》	加快发展绿色金融,创新金融产品,支持碳达峰、碳中和行动及技术研究
2021 年 12 月	生态环境部、国家发改委、工信部、住房和城乡建设部、中国人民银行、国务院国资委、国管局、银保监会、证监会	《气候投融资试点工作方案》	鼓励试点地方金融机构在依法合规、风险可控的前提下,稳妥有序地探索开展碳基金、碳资产质押贷款、碳保险等碳金融服务,切实防范金融风险,推动碳金融体系创新发展

资料来源:根据公开资料整理。

在支持"双碳"目标实现的过程中,绿色金融的国际合作将发挥重要作用。2020 年 1 月,银保监会发布《关于推动银行业和保险业高质量发展的指导意见》,提出围绕"一带一路"倡议,提升金融服务水平和国际竞争力,银行、保险金融机构的绿色转型初现雏形。在绿色金融产品方面,2020 年 10 月,国家发改委、中国人民银行等五部门联合印发《关于促进应对气候变化投融资的指导意见》,提出符合条件的绿色金融资本、绿色金融产品可跨境转让、流通,这有利于气候投融资和绿色债券市场的双向开放。在国际标准制定方面,2021 年 2 月,中共中央、国务院发布《关于加快建立健全绿色低碳循环发展经济体系的指导意见》,指出加强绿色标准国际合作,积极引领和参与相关国际标准制定,推动国际绿色金融标准趋同。2021 年 10 月,中共中央、国务院在《国家标准化发展纲要》中提出联合国际标准组织成员,推动气候变化、可持续城市和社区、绿色金融、数字等领域的国际标准制定,分享我国的标准化经验,助力联合国可持续发展目标实现。

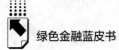

2021 年 10 月，中共中央、国务院印发《2030 年前碳达峰行动方案》，提出深化绿色金融国际合作，积极参与碳定价机制和绿色金融标准体系国际宏观协调。在国际绿色金融中心建设方面，2021 年 11 月，《国务院关于支持北京城市副中心高质量发展的意见》正式发布，鼓励金融机构依法设立绿色金融专门机构，设立国际绿色投资集团，推动北京绿色交易所在承担全国自愿减排等碳交易中心功能的基础上，升级为面向全球的国家级绿色交易所，建设国际绿色金融和可持续金融中心（见表 3）。

表 3　国际合作绿色金融相关政策梳理（截至 2021 年 12 月）

时间	发布机构	政策名称	核心内容
2020 年 1 月	银保监会	《关于推动银行业和保险业高质量发展的指导意见》	借鉴采纳国际准则，支持企业绿色、低碳"走出去"，推动构建人类命运共同体
2020 年 10 月	生态环境部、国家发改委、中国人民银行、银保监会、证监会	《关于促进应对气候变化投融资的指导意见》	进一步加强与国际金融机构和外资企业在气候投融资领域的务实合作，积极借鉴国际良好实践和金融创新。支持境内符合条件的绿色金融资产跨境转让，支持离岸市场不断丰富人民币绿色金融产品及交易，不断促进气候投融资便利化
2021 年 2 月	中共中央、国务院	《关于加快建立健全绿色低碳循环发展经济体系的指导意见》	支持金融机构和相关企业在国际市场开展绿色融资。推动国际绿色金融标准趋同，有序推进绿色金融市场双向开放。推动气候投融资工作
2021 年 10 月	中共中央、国务院	《国家标准化发展纲要》	深化标准化交流合作。联合国际标准组织成员，推动气候变化、可持续城市和社区、清洁饮水与卫生设施、动植物卫生、绿色金融、数字等领域的国际标准制定，分享我国的标准化经验，助力联合国可持续发展目标实现
2021 年 10 月	中共中央、国务院	《2030 年前碳达峰行动方案》	深化绿色金融国际合作，积极参与碳定价机制和绿色金融标准体系国际宏观协调，与有关各方共同推动绿色低碳转型

时间	发布机构	政策名称	核心内容
2021年11月	国务院	《国务院关于支持北京城市副中心高质量发展的意见》	鼓励金融机构依法设立绿色金融专门机构,设立国际绿色投资集团,推动北京绿色交易所在承担全国自愿减排等碳交易中心功能的基础上,升级为面向全球的国家级绿色交易所,建设国际绿色金融和可持续金融中心
2021年12月	生态环境部、国家发改委、工信部、住房和城乡建设部、中国人民银行、国务院国资委、国管局、银保监会、证监会	《气候投融资试点工作方案》	支持国际金融组织和跨国公司在试点地方开展气候投融资业务,积极引进境外资金。支持试点地方承办或主办气候投融资国际会议

资料来源:根据公开资料整理。

二 绿色金融支持"双碳"目标的地方实践

(一)聚焦产品创新,碳中和主题产品多点开花

1. 以碳配额质押为代表的金融产品向标准化迈进

碳配额质押是在全国碳市场正式运行后应用范围较为广泛的碳金融产品。碳配额质押是指出质人以碳排放配额为标的质押给质权人担保债务履行并通过交易所登记的行为。其中,出质人是指符合配额管理单位合法要求的企业,质权人是指依据中国法律法规合法成立并有效存续的银行或非银行金融机构①。碳配额质押业务流程如图1所示。在全球逐步形成的应对气候变化的共识下,碳减排机制陆续建立,我国"双碳"目标的提出进一步激活了试点碳市场的建设与全国碳市场的运行,碳排放配额作为碳排放权的载体和凭证,对碳

---

① 上海环境能源交易所:《碳配额质押》,https://www.cneeex.com/c/2020-12-31/490737.shtml。

金融市场的构建起到支撑与赋能作用①。2021 年 1 月，生态环境部发布了《碳排放权交易管理办法（试行）》，对各级生态环境主管部门和市场参与主体推行碳排放权交易相关活动提出了工作要求。在《浙江省碳排放配额抵押贷款操作指引（暂行）》《上海市碳排放权质押贷款操作指引》《江苏省碳资产质押融资操作指引（暂行）》等地方政策的推动下，碳配额质押在带动银企碳金融实践、强化企业碳约束、盘活碳资产等方面的作用日益凸显。自 2021 年 7 月 16 日全国碳排放权交易市场正式启动以来，在河北、山东、浙江等地银行与企业的合作探索下，多项地方首笔碳配额质押落地。以河南省 2021 年 9 月发放的首笔碳配额质押贷款为例，兴业银行郑州分行以河南省首批获准碳排放权交易企业——中国平煤神马集团联合盐化有限公司的碳配额为质押物，根据全国碳排放权交易市场的交易价格及企业自身生产经营状况等因素，为企业核定贷款资金 2500 万元。碳配额质押为企业提供了一条新型的、市场化的减排融资路径，通过盘活企业碳配额这一无形资产解决"非绿"企业和中小企业技术改造、项目升级融资困难等问题，在金融撬动作用下企业将强化生产经营的碳约束管理，进一步认知到碳配额的经济价值，在拓展企业碳资产价值的同时实现经济效益与环境效益的共赢。未来，以碳配额质押为代表的碳金融产品仍需在法制建设与市场建设方面双双发力。在法制建设方面，碳配额并不满足现有动产及权利的特性和定义。我国《民法典》未对碳配额质押做出明确定义，碳配额质押涉及持有、交易、担保等权利，涉及控排、登记、清缴等义务，业务流程与制度属性复杂，碳配额质押物权与行政权效力尚有欠缺。在市场建设方面，应关注碳配额市场的价格波动。与传动质押品价格相对稳定不同，碳配额价格受碳市场供需关系的影响，未来收益的不确定性影响质押风险与碳金融的业务活力，逐日盯市、补仓等期货交易机制或将为稳定碳配额交易市场提供借鉴②。进一步来

---

① 李素荣：《碳排放权的法律属性分析——兼论碳排放权与碳排放配额的关系》，《南方金融》2022 年第 3 期。

② 安徽省能源集团财务有限公司：《碳排放权质押融资法律问题研究》，http://gzw.ah.gov.cn/group4/M00/02/C8/wKg862Gbc6KAOhV5AAPlXxmfKAI823.pdf。

说，碳金融的发展仍需要以碳市场机制的逐步细化为基础，包括机构投资者入市、控排行业扩容等。

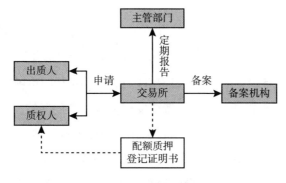

图 1　碳配额质押业务流程

资料来源：上海环境能源交易所。

2. 碳中和债券引领债券市场创新不断

我国新兴债券种类从绿色领域逐步扩展到可持续发展领域，债券品种不断丰富，市场规模不断扩大。2021 年 3 月，中国银行间市场交易商协会发布《关于明确碳中和债相关机制的通知》，指导碳中和债券的发行，所募集的资金专项用于具有碳减排效益的绿色项目。同年 7 月，上交所和中国银行间市场交易商协会对募集资金用于碳中和项目的绿色公司债券贴上"碳中和绿色公司债券"标识。作为绿色债券之一，碳中和债券在绿色债券政策框架下，将所募集的资金专项用于清洁能源、清洁交通、可持续建筑等具有碳减排效益的绿色项目，积极落实绿色低碳发展专项政策，有效地支持绿色低碳领域的企业融资。截至 2021 年底，市场共发行碳中和债券 200 只，约占 2021 年绿色债券总发行只数的 41.32%；发行规模约为 2566.22 亿元，约占 2021 年绿色债券总发行规模的 42.26%[①]。此外，随着高碳行业稳妥转型对于实现"双碳"目标的重要意义进一步凸显，债券市场围绕可持续发展开展了一系列实践。2021 年 4 月，中国银行间市场交易商协会发布《可持续发

---

① 　数据来源于中央财经大学绿色金融国际研究院绿色债券数据库。

展挂钩债券（SLB）十问十答》《挂钩可持续　锚定碳中和——首批可持续发展挂钩债券披露发行文件》等，规范可持续发展挂钩债券的发行规则。可持续发展挂钩债券募集的资金可用于一般用途，其主要特征是债券条款与发行人的可持续发展目标相挂钩。截至2021年底，市场共发行可持续发展挂钩债券26只，发行规模为426.24亿元，其中境内可持续发展挂钩债券发行量为25只，发行规模为353.00亿元。2021年11月，中国银行间市场交易商协会发布《关于试点开展社会责任债券和可持续发展债券业务的问答》，明确可持续发展债券为募集资金全部用于绿色项目和社会责任项目的债券，即不同于可持续发展挂钩债券，可持续发展债券要求募集资金全部用于特定用途。截至2021年底，市场已发行可持续发展债券13只，发行规模为363.02亿元，境内主体境外可持续发展债券发行量为1只，发行规模为1.5亿元。总体来看，2021年，得益于碳达峰、碳中和国家战略和相关政策扶持，我国绿色债券市场获得跨越式发展，服务"双碳"目标的市场建设也更加活跃、多元。

3. 基金、信托、保险等领域围绕碳中和开展专项创新

在"双碳"目标背景下，重点投向碳中和领域的专项基金开始萌芽。碳中和专项基金主要集中在创业基金及以交易型开放式指数基金（ETF）为代表的证券投资基金，分别代表碳中和基金在私募市场与公募市场的创新实践。截至2020年末，我国投向绿色生态、低碳环保、环境治理、清洁能源等碳中和相关领域的私募基金超500只，管理规模逾2000亿元，其中创业基金投资占比超过九成①。2022年6月28日，我国公募市场迎来首批8只碳中和ETF，截至当日，中证上海环交所碳中和指数所囊括的100只清洁能源、储能等低碳领域成分股票市值总计超10万亿元②，碳投资正加速服务于资本市场的绿色低碳建设并逐步走入公众投资者的视野。随着"双碳"理念的深入，越来越多的创投企业关注到环境、社会与公司治理对于企业自身经营管理、

---

① 中国证券报：《私募基金要利用好绿色投资发展机遇　发挥好积极引领作用》，https：//www.cs.com.cn/xwzx/hg/202107/t20210724_ 6187440.html。

② 21世纪经济报道：《碳中和基金迎巨大发展机遇　中国首批8只碳中和ETF"尝鲜者"是谁?》，https：//fund.10jqka.com.cn/20220629/c640146394.shtml。

项目投放决策与资产管理的重要性。

信托创新驶入"双碳"业务快车道，2021年多项"首单"产品落地。随着绿色低碳市场的兴起，投资者开始关注碳中和信托资产配置，以碳资产投资、绿色资产证券化、CCER服务、碳融资等为代表的多种模式快速发展。碳中和信托计划多以碳排放权公开交易价格为资产标的，通过碳排放权受让等方式投向碳市场建设。2021年，我国绿色信托资产存续规模为3317.05亿元，其中投向碳金融领域的资产存续规模为28.38亿元，占比为0.86%[①]。

保险业充分发挥在损失补偿与风险管理等方面的积极作用，创新绿色保险产品应对环境气候风险。2021年6月，中国保险业协会发布《保险业聚焦碳达峰碳中和目标助推绿色发展蓝皮书》，提出在服务"双碳"的供给侧改革推动下，保险业产品陆续向绿色能源、绿色交通、绿色建筑等领域扩展，进一步强化保险的作用。2020年，我国巨灾、天气保险总保额共计3624.99亿元，绿色资源保险总保额为1.35万亿元[②]。在"双碳"布局下，以碳汇为抵质押标的物，保障农业、林业碳汇价格稳定的保险模式持续创新。以林业碳汇为例，2021年4月，中国人寿财险福建省分公司推出林业碳汇指数保险试点，该指数通过测量森林树种、树径等重点变量核算出林业含碳率及固碳量，当固碳量损失指数达到保单标准时则会激活赔付流程，为灾后森林资源修复与培育提供资金保障[③]。

（二）夯实基础工程，碳账户成为典型实践

1.碳账户引领金融创新方向

目前学界对碳账户尚未形成明确的定义，结合公开资料，碳账户主要是指依据国家碳排放核算方法，在确定的边界内核查企业或个人在生产、生活中的碳排放表现，得到特定时间内的碳排放量，是记录主体碳排放信息的载体。在"双碳"目标下，碳账户机制发展迅速，目前已经形成了政策积极引

---

① 中国信托业协会：《2020~2021中国信托业社会责任报告》，2022。
② 中国保险业协会：《保险业聚焦碳达峰碳中和目标助推绿色发展蓝皮书》，2021。
③ 中国银行保险报网：《林业碳汇指数保险落地》，http://xw.cbimc.cn/2021-04/29/content_392260.htm。

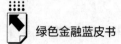

导、市场扩大实践的良好局面。在政策引导方面，部分地区先行先试，已将碳账户写入相关规定。2021 年 8 月，《湖州市绿色金融促进条例》提出市、区县人民政府应当在能源、工业、建筑、交通、农业、居民生活等领域，运用碳金融工具促进碳减排，推动实现碳达峰、碳中和目标。其中，碳金融工具主要是指以碳账户为代表的湖州特色碳金融实践。2022 年 6 月 22 日，《上海市浦东新区绿色金融发展若干规定》明确提出浦东新区人民政府应当依托绿色金融数据服务专题库，与各类第三方机构开展数字化协作，探索建立企业碳账户和自然人（常住人口）碳账户，将企业碳排放表现信息和个人绿色低碳活动信息等纳入碳账户、形成碳积分。2022 年 6 月 28 日，武汉市出台《武汉市建设全国碳金融中心行动方案》，提出建立健全全市碳普惠体系，开设企业和个人碳账户，拓宽企业和个人碳账户应用场景，鼓励企事业单位及个人使用碳积分抵消碳排放。在市场实践方面，围绕碳账户的实践日渐丰富，覆盖范围持续扩大。目前，企业碳账户、个人碳账户、综合性碳账户均已有成功实践。企业碳账户是指在企业的核算边界内，基于企业的用能与生产实际数据，根据统一方法学记录的企业碳排放表现。依托企业碳账户，可进一步开展企业碳排放表现评级，进而与绿色金融服务权益挂钩，推进企业绿色生产正外部环境效益内生化。个人碳账户是指基于个人的碳减排行为所建立的普惠性碳排放信息记录载体，个人碳账户数据可转化为碳积分，从而实现个人绿色行为的权益兑换或普惠金融服务对接。综合性碳账户是覆盖多元主体的碳账户体系，是在企业碳账户、个人碳账户的构建逻辑之上的集成，目前较为典型的是衢州碳账户体系。衢州市作为绿色金融改革创新试验区，早在 2018 年就开展了个人碳账户实践，通过挖掘银行账户系统蕴含的绿色支付、绿色出行、绿色生活等大数据，从节约纸张、交通碳排、用水用电等维度折算个人绿色行为节省的碳排放量，计算碳积分，而碳积分还可直接与个人贷款的授信额度与贷款利率直接挂钩。2021 年，衢州市开始建立更全面的碳账户体系，覆盖工业、农业、能源、交通、建筑、个人六大领域。如表 4 所示，截至 2022 年 4 月，衢州碳账户体系已覆盖全市 2601 家工业企业、845 家种植养殖大户及有机肥生产企业、92 家能源企业、109 家建筑主体、55 家交通企业、239 万个个人主体。

表 4 我国碳账户实践

碳账户	地点	实践内容	实践成效
综合性碳账户	衢州	衢州作为绿色金融改革创新试验区,于2018年开展个人碳账户实践,2021年开始建立更全面的碳账户体系,覆盖工业、农业、能源、交通、建筑、个人六大领域	截至2022年4月,衢州碳账户体系已覆盖全市2601家工业企业、845家种植养殖大户及有机肥生产企业、92家能源企业、109家建筑主体、55家交通企业、239万个个人主体
	湖州	湖州建设碳账户综合支撑平台,涵盖工业、农业、能源、建筑、交通运输和居民生活六大领域,并推动碳账户在金融服务、能源管理、环境治理、产业转型、信用评价等领域的应用	截至2022年5月,已为1.6万家企业建立碳账户
企业碳账户	南京	2022年,在中国人民银行南京分行的支持下,江苏银行创新推出与企业碳账户挂钩的绿色普惠金融产品"苏碳融"	截至2022年5月中旬,"苏碳融"已累计投放23亿元,为50多家企业建立了碳账户,推动企业实现年减排二氧化碳约54.6万吨
	广州	2022年6月21日,广州市成功上线企业碳账户,并发布了国内首份标准化碳信用报告。广州版企业碳账户包含数据采集、核算、评价贴标、产融对接等环节。其中,广州市工信局、广州供电局开发了"穗碳计算器"小程序,构建"穗碳"大数据平台,通过统计企业电力、热力、油品、煤炭、天然气等能源消耗量和经营情况,基于国家和省二氧化碳排放核算指南,核算出企业在一定时期内的碳排放量和碳排放强度。广州赛宝认证中心研了企业碳排放评价指南,对比企业所在行业基准值将企业评价贴标为A、B、C、D、E五个等级。中国人民银行广州分行、广州市地方金融监管局和花都区深化碳评价结果的运用,实现与"粤信融"平台的数据对接,引入征信机构创新编制全国首份标准化碳信用报告,鼓励金融机构依据企业碳信用报告开展产融对接,并成功在花都区实现业务落地试点。根据企业碳信用报告,建设银行花都分行、交通银行花都分行分别与拓璞电器、三华科技、泰伦化妆品包装、恒利体育材料等企业现场签订了贷款意向协议,意向绿色贷款金额约1.4亿元	截至2022年6月21日,花都区已为超500家企业试点开通碳账户,约170家企业完成近两年碳排放情况评级贴标,6家银行机构在"穗碳"平台绿色金融专区上线绿色金融产品,共为相关企业授信约15亿元

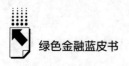
碳账户	地点	实践内容	实践成效
个人碳账户	新疆	2021年7月,中国人民银行克拉玛依中心支行将昆仑银行列为个人碳账户试点银行,在全新疆范围率先开启个人碳账户建设,推动个人碳账户于2022年1月正式上线。个人碳账户依托银行账户系统,对居民绿色支付、绿色出行、绿色生活三大领域的低碳行为数据实现统一采集、赋值、折算,形成碳积分,居民可用碳积分兑换相关权益	截至2022年4月,克拉玛依市已有14.83万名客户在后端系统中产生碳积分,累计减碳积分为982.53万分
	郑州	2022年6月,郑州公交集团、支付宝、通卡联城创新上线"郑州碳易行"支付宝小程序,绿色出行可获碳积分。碳积分可在小程序兑换免费乘车券、本地餐饮消费券,也可以参与本地公益活动,甚至可以领取公益证书	暂未披露
	天津	2022年6月24日,天津首个碳普惠小程序"津碳行"上线。天津市民可通过步行、公交、地铁等绿色出行方式获得碳积分并计入个人碳账户,可用来兑换纪念品或权益	暂未披露
	深圳	2022年6月,深圳推出"碳普惠"小程序。小程序通过对家庭电量进行换算,得出居民家庭减排量,换取碳积分。预计到2023年,碳积分将接入深圳碳排放权交易市场,供高耗能社会团体或企业购买,市民则可用积分兑换礼品卡、地铁出行卡等	暂未披露

资料来源:根据公开资料整理。

2.碳账户衍生碳足迹与碳标签

碳足迹是指某一产品或服务系统在其全生命周期内的碳排放总量,或活动主体(包括个人、组织、部门等)在某一活动过程中直接和间接的碳排放总量[①]。碳标签指的是对产品或服务全生命周期过程中所排放的碳排放量

---

① 王微、林剑艺、崔胜辉、吝涛:《碳足迹分析方法研究综述》,《环境科学与技术》2010年第7期。

在产品标签上用量化的指数标示出来，以标签的形式告知消费者碳信息①，某种程度上可以被理解为碳足迹的标签化②。

碳足迹与碳标签是从全生命周期视角分析和呈现主体碳排放表现的有效工具，将激发企业与消费者的自愿减排行为。碳足迹从全生命周期的视角分析主体碳排放的整个过程，可以深度挖掘碳排放的本质，进而从源头上制定科学合理的碳减排计划，是"双碳"目标下各类主体评价碳排放影响、开展碳排放减量的重要方法。目前，碳足迹研究的主要方法有两类：一是采用自下而上的模型，以过程分析为基础；二是采用自上而下的模型，以投入产出分析为基础③。碳标签作为碳足迹的数字化、可视化呈现，通过提示消费者相关产品的绿色程度，能够直接影响生产者的生产决策以及消费者的消费决策，是激发更多行业、更多主体减排的有益实践。具体来说，对于企业而言，第一，分析产品碳足迹能够帮助企业发现温室气体排放量较高的生产环节，从而采取相应措施，在完成减排目标的同时有效控制减排成本；第二，碳足迹认证有助于企业开拓国际市场，接轨国际产品低碳认证要求；第三，碳足迹分析与碳标签是展现企业应对气候变化责任的有效方式，有利于提升企业品牌形象和竞争优势，进而吸引消费者和促进商业合作。对于消费者而言，碳标签能使具有较强环保意识的消费者更清晰地了解产品的环境友好程度，满足绿色购物需求。此外，碳标签还将引导更多消费者做出环保的消费决策。因此，对于整个市场而言，碳足迹、碳标签既能使各类企业尤其是中小微企业担负起碳减排政策实施主体的责任，又能引导消费者自主选择低碳产品，从生产与消费两端发力，加快推动产业升级改造，促进产业绿色发展。

随着减缓气候变化工作的深入，精准衡量主体碳排放表现的需求越发强烈，碳足迹、碳标签获得快速发展。在政策层面，碳足迹与碳标签相关政策倾向于

① 胡莹菲、王润、余运俊：《中国建立碳标签体系的经验借鉴与展望》，《经济与管理研究》2010 年第 3 期。

② 王宇飞：《推行碳标签制度 以消费侧选择引导生产侧低碳转型》，《可持续发展经济导刊》2022 年第 6 期。

③ Wiedmann, T., Minx, J., "A Definition of Carbon Footprint", SA Research & Consulting, 2007: 9.

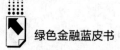

鼓励出口产品的低碳认证。2018 年，国务院印发《进一步深化中国（广东）自由贸易试验区改革开放方案的通知》，鼓励探索开展出口产品低碳认证。2019年，中共中央、国务院发布了《关于推进贸易高质量发展的指导意见》，指出"鼓励企业进行绿色设计和制造，构建绿色技术支撑体系和供应链，并采用国际先进环保标准，获得节能、低碳等绿色产品认证，实现可持续发展"。《粤港澳大湾区发展规划纲要》建议推动粤港澳碳标签互认机制研究与应用示范，其目标在于协助粤港澳产品在国际竞争中抢占低碳先机。在执行标准层面，我国陆续出台了面向特定行业、面向企业主体的碳标签标准。2009 年，全球首个产品碳足迹方法标准 PAS2050 中文版的发布推动了碳标签制度在中国的试点工作。2018 年 11 月，《中国电器电子产品碳标签评价规范》《LED 道路照明产品碳标签》正式发布，确定电器电子行业"碳足迹标签"试点计划。2019 年 4月，中国碳标签正式在部分产品上使用，主要包括 LCD 显示器、手机等电器电子产品。2022 年 1 月，《企业碳标签评价通则》（T/DZJN 75—2022）正式发布，该标准是国内第一个以企业性质为主导的碳标签评价团体标准，对企业碳足迹、碳排放、产品工艺、技术设备、人才制度及低碳技术应用与创新等方面有着清晰明确的评估原则。在地方实践层面，四川、浙江、广东、山东等地均开展了碳足迹、碳标签等相关工作，具体内容如表 5 所示。

表 5 我国碳足迹、碳标签实践

地点	实践内容
四川	政策支持:早在 2016 年,四川省技术质量监督局办公室就印发了《四川省低碳产品认证工作方案》,首次开展全省低碳产品认证,其中就涉及产品碳足迹认证与应用工作;2019 年,《成都市鼓励和支持开展出口产品低碳认证若干政策措施》出台,提出在成都率先建立国际化的低碳产品认证标准、认证机构与服务体系,推动出口产品低碳认证工作;2022 年,《成都市 2022 年度促进外贸高质量发展若干政策措施》出台,明确提出将支持出口企业开展碳足迹核查,包括支持成都出口企业开展碳足迹核查,对取得碳足迹核查证书或报告的,予以核查、认证及相关服务费用 100%支持,每个企业每年不超过 10 万元 平台建设:2022 年 5 月 17 日,四川省产品碳足迹公共服务平台正式启动。产品碳足迹服务公共平台启动后,将致力于全球范围内碳足迹规则和相关政策体系、标准体系、认证体系等内容研究,致力于赋能全省乃至川渝地区碳足迹能力体系建设,将为相关产业提供产品碳足迹及生命周期评价与管理系统,提供智慧能源服务,开展碳中和能力建设业务和碳足迹咨询项目

地点	实践内容
山东	2021 年 1 月,山东省邹平市山东创新集团启动"企业碳标签"项目。山东创新集团与中国低碳经济发展促进会、中国国际低碳学院签署低碳发展合作协议,在产品标签上标示生产中的温室气体排放量,引导低碳消费,促进企业优化生产结构、加快低碳技术转型。本项目将以碳标签为载体推动集团低碳化转型,以现有碳排放核查技术驱动集团的生产结构优化,逐步提高集团科技型、服务型产品所占比重
浙江	2021 年 7 月,浙江临安的特色农产品"天目水果笋"获得全国首张农产品碳标签 2022 年 6 月 30 日,全国首批电气行业碳标签认证试点工作在浙江省乐清市正式启动。经过综合研究,确定了包括正泰电缆有限公司、固力发集团股份有限公司、百固电气科技股份有限公司、彬腾科技有限公司、维益宏基集团有限公司 5 家企业开展首批电气产品碳标签认证试点
广东	2022 年 6 月 28 日,广东碳标签成功发布。广东碳标签是"广东产品碳足迹评价与标识"的简称,是对各种产品所涉及的物料使用、生产制造、运输、使用、废弃处理等全过程产生的二氧化碳等温室气体排放的量化评价,并以标识形式对外披露碳排放信息。当前,广东碳标签由专门评价机构出具。TCL 通讯科技控股有限公司、深圳创维数字技术有限公司等 10 家代表企业成为首批获得广东碳标签证书的企业,中国质量认证中心广州分中心、广州赛宝认证中心服务有限公司等 7 家机构成为首批获得授牌的评价机构 2022 年,深圳率先开展碳足迹标识认证。深圳 700 多家企业获得 4600 多张绿色产品认证证书。此前,深圳市在全国率先开展快递包装绿色产品认证

资料来源：根据公开资料整理。

（三）金融与科技融合，催生金融服务"双碳"新模式

1. 大数据技术提升"双碳"信息挖掘能力

大数据对信息的整合挖掘能力为绿色金融高效服务"双碳"目标实现提供技术支撑。如图 2 所示,大数据通过计算机语言等高效分析方法在短时间内实现大数据采集、预处理、存储以及分析,充分发挥其 5V 特点,即海量数据规模（Volume）、高速数据传输（Velocity）、多种数据类型（Variety）、低价值密度（Value）及真实性（Veracity）[1]，为绿色金融的投

---

[1] IBM, "The 5 V's of Big Data", https：//www.ibm.com/blogs/watson-health/the-5-vs-of-big-data/.

放提供支持。2021 年 7 月，工信部发布《新型数据中心发展三年行动计划（2021~2023 年）》，对数据利用率、总算力及高性能算力占比做出预估，同时也对算力提升促进绿色低碳领域发展做出要求。当前多地以碳账户为核心挖掘市场碳信息，借助大数据技术创新低碳金融服务模式。例如，浙江省衢州市运用大数据技术打造碳账户管理服务系统，通过动态搜集企业电、天然气、蒸汽、原煤等能耗数据，智能核算、客观分析单位产品产量碳排放强度、单位工业增加值碳排放强度、单位税收碳排放强度 3 个定量指标，并以深绿、浅绿、黄色、红色 4 种颜色的碳标签区分企业排放等级，形成企业"碳画像"。在碳信息搜集与处理的基础上，衢州市地方金融机构进一步评估出具企业"碳征信报告"，并创新打造"工业减碳贷""碳融通"等 34 个低碳金融产品，其中"碳征信"表现优异的融资主体最高可享受 1.5 倍的贷款额度及 100bp 的利率优惠。2021 年 8~12 月，碳账户配套金融支持工具累计为衢州市减排减碳企业撬动 46.3 亿元的改造资金①。在"双碳"目标下，大数据赋能场景的延伸能够有效地帮助企业加强环境自评估，促进金融机构产品服务革新，带动降碳减排的社会效益向经济效益转换。未来，大数据技术还可进一步被用于挖掘评估存量客户和潜在客户的 ESG 信息，汇集形成有利于绿色金融业务开展的内部信息价值链。

2. 物联网技术提升"双碳"信息监测能力

物联网是由智能计算设备构建的新型网络层次结构，由物理层、链路层、网络层、传输层以及应用层构成（见图 3）。目前我国物联网产业已形成一定规模，据《中国互联网发展报告（2021）》统计，我国物联网产业规模突破 1.7 万亿元，预计到 2025 年我国移动物联网链接数将达 80.1 亿，预计实现年复合增长率 14.1%，传感器、通信模组、物联网平台等核心技术将向全产业链多元渗透，推动社会信息化发展由"人人相联"向"万物互联"延伸。2021 年 9 月，工信部等八部门联合印发《物联网新型基础设施

---

① 衢州市发展和改革委员会：《六大领域 233.4 万个碳账户，衢州探索低碳转型新路径——碳账户，何以成为"双碳"落地支点》，http://fgw.qz.gov.cn/art/2021/12/16/art_1439952_58831228.html。

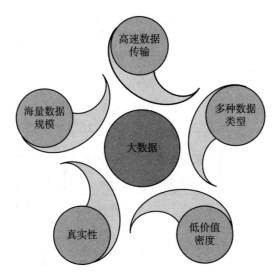

图 2　大数据 5V 特征

建设三年行动计划（2021～2023 年)》，明确了四大行动目标以及 12 项重点任务，目标是打造系统完备、高效实用、智能绿色、安全可靠的现代化物联网基础设施体系，为"双碳"目标下物联网技术的运用做出了实践性指引①。电力部门是我国碳排放量巨大且首批被纳入碳市场交易的行业，电力物联网迎来"双碳"投资风口下的发展契机。电力物联网通过在物理层布局电力能耗采集部件、通信终端及相关边缘物理代理装置，在云平台、物联管理中心形成有关电力"双碳"指标发布板块、电力消费板块和电力减碳板块的信息节点，帮助企业开展碳排放数据的监测、盘算与核查，从而有助于企业认清重点耗能领域并形成有针对性的降碳减排对策。2021 年 11 月，南方电网首个"双碳大脑"在深圳上线，可采集全市 300 多万名用户的用电数据，并汇集煤、气等多维数据，从而为政府提供信息与建议，为工业重要用户提供碳排放监测预警，助力企事业单位降本增效②。随着物联网技术

---

①　工业和信息化部：《关于印发〈物联网新型基础设施建设三年行动计划（2021～2023 年)〉的通知》，http：//www.gov.cn/zhengce/zhengceku/2021-09/29/content_ 5640204. htm。

②　《南方电网首个"双碳大脑"在深上线》，http：//www.sz. gov. cn/cn/xxgk/zfxxgj/zwdt/content/post_ 9309257. html。

在"双碳"领域的实践积累，运用场景或将从机构端与企业端的碳排放活动延伸至个人端的碳征信实践，为未来基于碳足迹、碳标签的绿色金融创新提供更强的技术支撑。

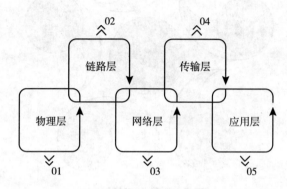

图3　物联网网络层次结构

3. 区块链技术增强绿色金融支持"双碳"目标的规范性

区块链技术增强绿色金融支持"双碳"目标的规范性主要体现在数据层及应用层。区块链是一种加密分布式数据库，区块链技术基于去中心化的共识机制、时间戳技术，可保存每项事务的详细信息。基础信息数据收集和行为过程记录按时间顺序添加到分类账并存储为一系列的块，块与块之间进一步形成互联的链条，录入的每个数据均有可追溯性与不可被篡改的特性，使区块链的信息读取相较于传统网络更具可信度与一致性。根据国际数据公司（IDC）统计，我国区块链行业规模自2017年的0.85亿美元增长至2020年的5.61亿美元。区块链作为以信任价值为基石而构建的技术网络与金融业具有天然的一致性，2020年2月，中国人民银行发布业内首个区块链标准《金融分布式账本技术安全规范》，强调通过金融科技规范业务开展及信息安全管理[①]。在"双碳"目标下，区块链可发挥其对碳信息的高效管理与自动化存证作用。在数据层，西门子"SiGreen"、蚂蚁集团"碳矩阵"等领先碳链产品辅助企业通过分布式记账审核碳排放数据因子，建立包含计量、

---

① 中国工商银行金融科技研究院：《区块链金融应用发展白皮书》，2020。

结算、监管等多环节的存证体系，加密算法进一步实现数据协同与标准化；在应用层，碳交易与碳排放历史数据的防篡改、可溯源性降低了因市场建设不成熟而引发的违规操控可能性，加大交易价格与交易量造假难度。数据上载、交易机制的规范化对构建完善的碳足迹管理与碳市场交易机制有实际意义，应用区块链技术将推动碳核算、碳交易、碳抵消环节系统化、规模化、链条化，进一步提升碳信息的规范性与可靠性。

三 绿色金融支持"双碳"目标的机遇与挑战

（一）机遇

1."绿色机遇"与"转型机遇"将催生新的经济增长点

"双碳"目标对我国的绿色低碳发展具有引领性，可以带来环境质量改善和产业蓬勃发展等多重效应。降低碳排放，一方面，将迎来"绿色机遇"，深化绿色产业发展，加快形成绿色生产方式；另一方面，将迎来"转型机遇"，促进高碳行业转型，助推经济高质量发展。在"绿色机遇"方面，以新能源为代表的绿色低碳产业由于自身的生产与技术优势，具有相对较低的碳排放强度，是"双碳"目标下的重要经济增长点，同时将通过参与建设绿色产品供给体系，积极助力全社会降碳减排，促进实现碳中和愿景。《关于完整准确全面贯彻新发展理念做好碳达峰碳中和工作的意见》提出要大力发展绿色低碳产业，坚持打造绿色产品供给体系，深度融合新兴技术，积极助力全社会碳达峰。《"十四五"工业绿色发展规划》明确要着力构建完善的绿色低碳技术体系和绿色制造支撑体系，提出到2025年绿色制造体系日趋完善，重点行业和重点区域绿色制造体系基本建成，绿色环保产业产值达到11万亿元的具体目标。在"转型机遇"方面，传统高碳行业稳妥转型是我国实现"双碳"目标、优化产业结构的重要抓手，相关投融资也将获得多方支持。2021年11月，根据国务院常务会议要求，中国人民银行创设支持煤炭清洁高效利用专项再贷款，总规模达 2000 亿元,支持煤炭安全高效绿色智能开采等 7 个领域。2022 年 5 月,经国务院批准,中国人民银行增加 1000 亿元煤炭清洁高效利用专项再贷款额度,专门用于支持煤炭开发利用和增强煤炭储备能力,将充分发挥再贷款结构工具的定向直达、低成本优势,支持煤炭企业技术改造与绿色转型发展。

2. 绿色金融扩面提质的发展趋势为更好地支持"双碳"目标提供有力支撑

绿色金融经过"十三五"时期的快速发展,形成了"三大功能""五大支柱"的总体发展思路,在绿色金融改革创新试验区与部分金融机构自下而上创新实践的过程中,形成了扩面提质的良好发展态势。我国绿色信贷起步最早,发展最快,发行规模已居世界首位。如图 4 所示,从 2016 年到 2021 年末,本外币绿色贷款余额从 7.5 万亿元增长至 15.9 万亿元,较 2020 年增加了 4.0 万亿元,同比增长 33%。在绿色债券方面,我国绿色债券标准与国际接轨,种类不断创新,发行规模已居世界第二位①。根据中央财经大学绿色金融国际研究院 2022 年半年报数据,2022 年上半年,我国境内新增普通绿色债券发行数量为 209 只,同比增长 21.51%,占中国境内外新增绿色债券发行数量的 71.33%;新增发行规模约 3109.16 亿元,同比增加 47.61%,占中国境内外绿色债券新增发行规模的 61.69%。截至 2022 年上半年,中国境内普通绿色债券存量规模约为 1.5 万亿元,占境内外绿色债券总存量规模的 71.43%。2021 年,中国境内外发行绿色债券体量迅速扩张,创新绿色债券品种层出不穷。在绿色保险方面,我国绿色保险制度初步建立,投融资流程形成规范,累计保额超过 45 万亿元。2018~2020 年累计为全社会提供了 45.03 万亿元保额的绿色保险,支付赔偿 533.77 亿元,用于绿色投资的余额从 2018 年的 3954 亿元增加到 2020 年的 5615 亿元②。在绿色 PPP 方面,我国绿色 PPP 初步发展,实现碳达峰、碳中和需要大量的绿色基础设施建设,因此绿色 PPP 发展较快。截至 2021 年末,污染防治与绿

---

① 气候债券倡议组织(CBI)与中央国债登记结算有限责任公司中债研发中心联合编制《中国绿色债券市场年度报告(2021)》。

② 中国保险业协会:《2020 中国保险业社会责任报告》,2021。

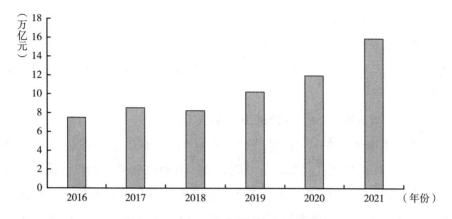

图4　2016~2021年本外币绿色贷款余额

资料来源：中国人民银行。

色低碳项目累计 5919 个，投资额 5.7 万亿元，在 PPP 项目中占比高达
35.2%①。2021 年全年新入库污染防治与绿色低碳项目 346 个，投资额 3135
亿元②。在绿色基金方面，随着绿色指数的发展，我国绿色基金也进入发展
快车道。截至 2021 年第三季度末，绿色、可持续、ESG 等方向的公私募基
金数量接近 1000 只，规模合计 7900 多亿元，较 2020 年底规模增长 36%。
其中，公募基金 190 多只，管理规模 4100 多亿元；私募基金 800 多只，管
理规模 3700 多亿元，90% 为股权创投基金③。2021 年，绿色投资相关主题
基金发行量超过 50 只，远超以往任何一个年份。除了数量上的持续增长外，
支持绿色金融发展的"提质"举措也更加多元，例如：首创综合性碳账户
的"衢州模式"，通过碳足迹核算，建立贯穿生产端至消费端的碳排放计量
体系，引导金融机构创新基于碳账户信息的金融产品和服务；构建碳中和融
资租赁服务平台的"广州模式"，建立融资租赁费用与碳排放量挂钩的浮动

①　财政部政府和社会资本合作中心：《全国 PPP 综合信息平台管理库项目 2021 年年报》，
　　2022。
②　财政部政府和社会资本合作中心：《全国 PPP 综合信息平台管理库项目 2021 年年报》，
　　2022。
③　人民资讯：《助力碳中和、碳达峰"绿色基金"规模创新高》，https：//baijiahao.baidu.com/
　　s？id=1721436373127108523&wfr=spider&for=pc。

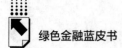

机制；"保险+服务+科技"的"赣江模式"，通过建立环境污染责任保险风险管理云服务平台和移动客户端，企业可以在云服务平台和移动客户端上实现第三方风险管理服务、企业风险预警、隐患排查和风险识别、环境评估记录等功能。

3. 环境成本的市场化定价机制正在形成

建立环境成本的市场化定价机制，一方面有助于为绿色金融支持"双碳"目标提供更扎实的定价基础，另一方面也有助于形成可持续的商业模式。2021年，我国围绕环境成本的市场化定价机制的建立继续开展深入实践，尤以全国碳市场的建设为例。2021年是全国碳市场的首个履约期，首批纳入发电行业重点排放单位共2162家，年覆盖二氧化碳排放量约45亿吨，成为全球覆盖排放量规模最大的碳市场，首个履约期运行平稳。碳市场是以市场机制激励排放主体以更具经济性的手段完成减排，是目前应对气候变化的市场化机制的重要环节，未来随着石化、建材、钢铁、有色等其他重点耗能行业被纳入全国碳市场，以及机构投资者准入门槛的降低，碳市场的定价机制将更趋市场化。2021年4月26日，中共中央办公厅、国务院办公厅印发了《关于建立健全生态产品价值实现机制的意见》（简称《意见》），这是切实推动绿水青山向金山银山转化的引领性文件。《意见》围绕生态产品价值实现共提出了六大机制，分别是生态产品的调查监测机制、价值评价机制、经营开发机制、补偿机制、保障机制、推进机制，共同构成了生态产品价值实现的系统性思路。其中，包括调查监测机制、价值评价机制在内的基础性工程为生态产品的定价夯实基础，通过调查监测机制明确自然资源权属、摸底生态"家底"，再与价值评价机制相衔接，通过建立价值评价体系、制定价值核算规范、推动核算结果运用等实现生态产品价值的科学核算。当前浙江丽水、江西抚州等地已积极围绕GEP向GDP的转化开展探索工作，未来基于生态产品价值核算视角的环境成本定价将进一步助力生态经济体系的建立。

（二）挑战

1. 基础薄弱与时间有限加大经济发展压力

我国相对发达国家而言较为薄弱的低碳发展基础以及更加有限的碳达峰、碳中和阶段时长，叠加当前全球经济下行趋势与国际应对气候变化的强硬措施，实现全面、平稳、公正转型面临空前的压力。薄弱的发展基础，是指我国仍然处于工业化、现代化的关键时期，产业结构偏重、能源结构偏煤、能源利用效率偏低等问题突出，技术创新能力偏弱，绿色制造领域核心技术与国际先进水平仍有差距。有限的发展时间，是指发达国家从碳达峰到碳中和经历了 40~70 年。相比之下，正处于工业化及城镇化后期的我国，从碳达峰到碳中和，缓冲期远短于发达国家，这对我国的经济结构调整提出了更高的要求。叠加国际经济下行趋势，以及以欧盟碳边境调节机制（CBAM）为代表的强硬气候措施，我国产业、经济与社会转型面临巨大的挑战。从短期来看，电力、钢铁、水泥、铝等传统高碳行业与重要出口行业将承受内部"减量替代""提质增效"压力与外部"气候关税"管控，率先遭受冲击。从长期来看，我国在顶层设计、产业结构、能源结构、金融体系、生活方式等方方面面，都需完成与"双碳"目标相适应的重大变革，需要持之以恒、长效治理。

2."双碳"目标的实现需投入巨大资金，但与转型相适应的金融体系仍在建立中

目前，多方测算的中国实现"双碳"目标所需的资金规模在 100 万亿~300 万亿元（见表 6），金融需在此期间发挥积极作用。但当前我国的金融结构还未能完全匹配未来转型的金融需求。一是当前我国绿色金融覆盖范围有限，对传统高碳行业转型的金融支持不足。无论是从目前我国各类绿色金融指导目录来看，还是从绿色金融的市场实践来看，绿色金融重点支持官方目录清晰界定的"绿色"领域，但对大量推动高碳行业低碳转型的项目难以支持，尤其是在对"两高一剩"的行业管理中仍保持着较为粗放的投放模式。进一步来看，当前绿色金融对普惠小微主体的覆盖也较为有限，这

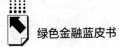

是由于普惠小微主体的发展基础相对薄弱，要达到绿色准入门槛有较大难度。二是创新驱动的"双碳"进程更需风险偏好型资本的介入，但当前我国绿色直接融资市场的发展仍处于初期。创新与技术变革非一蹴而就。熊彼特创新理论认为，创新周期短则40个月，长可达60年，而技术扩散存在"S"形规律，进一步加剧了转型发展的不稳定性。就我国当前技术创新的基础来看，虽然国家创新能力综合排名上升至世界第12位，但在关键领域突破核心技术依然存在执行上的难点，如储能、氢能源开发等仍需持续攻坚克难。长周期叠加技术不稳定性，投资风险进一步显现。金融需求总量巨大外，而在金融结构上，以间接融资为主，投资收益与投资风险的不匹配性进一步凸显。三是面对气候变化及"双碳"下的复杂风险，尚缺乏精准有效的风险识别及应对工具。在全球气候风险持续上升的情况下，企业极有可能面临物理风险及转型风险。物理风险是指长时间气候变化以及极端天气给企业带来的财务经济损失，而转型风险是指政府、社会部门或私人机构等主体为控制气候变化采取的政策及行动与现行金融体系不适应，继而对金融稳定与经济环境造成冲击的风险。高碳排放量地区、行业及企业极易面临转型风险，形成搁浅资产等其他危害。当前由于气候变化风险的非线性因素影响，金融系统对风险的预警、识别及管理能力均有待提升，如2021年郑州遭遇暴雨，由于对暴雨的风险认知和风险评估都相对不足，保险公司等金融机构和客户的损失较大。当前，包括环境压力测试等风险识别工具正在得到应用，但要真正形成应对风险的系统性机制仍有赖于长期的数据积累。

表6　各机构/专家测算实现"双碳"目标所需资金规模

测算机构/专家	所需资金规模
中国人民银行行长易纲	2020~2060年总投资需求为139万亿元
中金公司	2030年前中国碳减排需每年投入2.2万亿元；2030~2060年需每年投入3.9万亿元
北京绿色金融与可持续发展研究院	全国碳中和所需绿色投资在100万亿~300万亿元
清华大学气候变化与可持续发展研究院	2020~2050年总投资需求为174.38万亿元

测算机构/专家	所需资金规模
渣打研究	2020~2060 年总投资需求为 127 万亿~192 万亿元
高盛	2020~2060 年总投资需求为 102.25 万亿元

资料来源：易纲在中国人民银行与国际货币基金组织联合召开的"绿色金融和气候政策"高级别研讨会上的开幕致辞，http://www.pbc.gov.cn/goutongjiaoliu/113456/113469/4232138/index.html，2021 年 4 月 15 日；中金公司：《碳中和之绿色金融：以引导促服务，化挑战为机遇》，https://mp.weixin.qq.com/s/igQCuCsXtB5Lrc-lKtqMGA，2021 年 3 月 23 日；马骏：《未来 30 年其带来的投资规模将达 100~300 万亿》，https://baijiahao.baidu.com/s?id=1696830765837946583&wfr=spider&for=pc，2021 年 4 月 12 日；清华大学气候变化与可持续发展研究院：《〈中国长期低碳发展战略与转型路径研究〉综合报告》，《中国人口·资源与环境》2020 年第 11 期；渣打银行：《为达成碳中和，中国需投资 127 万亿~192 万亿元》，http://www.xinhuanet.com/money/2021-05/21/c_1127472300.htm，2021 年 5 月 21 日；Goldman Sachs，"Carbonomics-China Net Zero：The Clean Tech Revolution"，https://www.goldmansachs.com/insights/pages/carbonomics-china-net-zero.html，2020 年 1 月 20 日。

3. 降碳转型市场传导机制需有序建立

要切实实现绿色可持续发展，需要全面建立市场化的降碳转型传导机制，目前受制于国际复杂形势、我国经济发展阶段、技术创新壁垒等多种因素，全面形成市场化机制仍需时日。以我国碳市场为例，试点碳市场中碳价最高的北京碳市场的碳价仅约为欧盟碳市场的 1/3，全国碳市场的碳价仍远低于实现《巴黎协定》的温控目标所需的 40~80 美元/吨二氧化碳当量的水平，无法真实反映碳排放带来的环境成本，但如果盲目提高碳价，将造成企业的负担，反而抑制企业创新发展的能力。从市场环境来看，当前绿色产品的溢价仍然存在，绿色消费市场仍未完全形成。金毓研究表明，绿色生产和绿色消费耦合协调发展水平有上升的趋势，但仍然较低，并且绿色消费水平滞后于绿色生产水平[1]。安琪研究表明，"十三五"期间我国共享出行客运量（公共汽电车客运量和轨道交通客运量之和）基本稳定，居民绿色出行

---

[1] 金毓：《绿色生产与绿色消费的耦合协调发展研究——以长三角区域为例》，《商业经济研究》2021 年第 2 期。

的意愿增强并不明显①。从市场数据来看，2021 年绿色产品产量快速增长但市场占有率仍然偏低。例如，2021 年国内新能源汽车销量超过 350 万辆，同比增长 157.8%，但截至 2021 年底，全国新能源汽车保有量为 784 万辆，仅占汽车总量的 2.60%。绿色消费市场的形成与消费者内部因素及消费者外部环境有关。从消费者内部因素来看，潘娅研究认为道德规范、主观倾向、信息推广和绿色认知是影响消费者绿色消费行为的主观因素②。姬军荣认为消费者的价值观对消费者的动机和行为有着重大的影响和支配作用，且环境态度对消费者行为有正向促进作用③。从消费者外部环境来看，经济刺激、信息刺激、政策刺激是政府和企业干预绿色消费意愿的有效措施。未来，需不断进行技术创新并进行更广范围的商业化运用，从"绿色溢价"向"绿色折价"转变。随着经济社会的进一步发展，以及居民生活水平的提高，降碳转型的市场化机制才能真正建立。在市场化机制建立前，绿色金融的发展仍需循序渐进。

四 "双碳"目标下地方绿色金融发展展望

强化金融与地区特色化产业的协同，要与《2030 年前碳达峰行动方案》所述的"总体部署、分类施策"的原则相衔接。实现"双碳"目标是全社会深刻变革的系统性工程，由于各个地区基础条件不同、承担的国土功能和空间职责不完全一致等因素，其向"双碳"目标迈进的方式也有较大差异。为此，在"双碳"目标下，地方差异性对当地绿色金融着力点的影响将更加显著，更需强化金融与特色化产业的协同。

---

① 安琪：《"双碳"目标下我国居民绿色消费提升策略探讨》，《商业经济研究》2022 年第 6 期。

② 潘娅：《中国消费者绿色消费意愿影响因素及绿色消费机制构建》，《商业经济研究》2019 年第 15 期。

③ 姬军荣：《消费价值观、环境态度与绿色消费意向》，《商业经济研究》2019 年第 19 期。

（一）工业结构偏重的城市要提升绿色金融服务"高碳转型"的能力

我国金融监管部门正在积极引导构建"转型金融"发展体系，未来这也将是服务工业型城市的重要抓手。对于工业型城市而言，传统高碳行业多是地方经济发展的重要支柱，以山东省为例，作为工业大省，2021 年，山东省生产总值为 83095.9 亿元，同比增长 8.3%，两年平均增长 5.9%[①]。全省全部工业增加值同比增长 8.6%，高于全省 GDP 增速 0.3 个百分点[②]。2021 年，在国家统计局重点调度的 80 种主要产品中，山东省产品产量居全国前三名的合计 36 种，占比达 45%。其中，18 种产品产量全国排名第一，7 种产品产量全国排名第二[③]。发达的工业体系使山东省面临着较重的减排压力，山东省碳排放总量约占全国的 1/10，全省共有 320 家符合条件的发电行业重点排放单位被纳入全国碳市场履约管理，2021 年碳配额累计成交额占全国的 58.14%[④]。在此背景下，如何推动传统发展动能升级转变为新兴绿色动能，是绿色金融的重要着力点。2021 年，中国人民银行金融研究所所长周诚君指出绿色金融当前的适用范围存在局限性，并表明转型金融更具有灵活性、针对性与适应性，可在引领碳密集型产业向低碳或零碳转型方面发挥重要作用，更能满足重点高碳排、高环境影响领域的资金需求，对于中国实现"双碳"目标至关重要。因此，工业结构偏重的城市，构建相应的转型金融体系有其必要性。在具体应用上，要充分体现"抓两头"，即抓顶层设计与风险管理。在顶层设计上，要制定与当地高碳行业转型路径相匹配的引领要求。由于各个地区产业转型的基础与能力不尽相同，而转型金融的运用需要以相对清晰的转型目标、科学的转型路径为支撑，为此，各地需

---

①　中国经济网：《2021 年山东 GDP 达 83095.90 亿元　同比增长 8.3%》，https：//baijiahao. baidu. com/s？id=1722818629198662439&wfr=spider&for=pc。

②　山东省人民政府：《2021 年山东省人民政府公报》，2021。

③　王玉禄、刘际宁、李国芹：《山东省工业经济形势分析及研究》，http：//www. enterprisechina. com. cn/showzz. asp？id=1751。

④　山东省生态环境厅：《2021 年山东省生态环境状况公报》，2021。

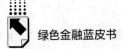

以自身行业转型的阶段与目标为基础，制定更具针对性的行业转型目录或指引性规则，以提高转型金融支持的准确性，这也是风险管理的前提。在风险管理上，转型金融的风险防范机制主要解决的是金融在转型领域"不敢投"的问题，以及防范金融在支持转型过程中可能造成的新风险，比如传统资产的搁置风险、新的债务风险、民生风险等。

（二）战略性新兴产业发展较快的城市要突出绿色金融对"腾笼换鸟"的支持作用

战略性新兴产业主要包括信息技术产业、高端装备制造产业、新材料产业、生物产业、新能源汽车产业、新能源产业、节能环保产业、数字创意产业、相关服务业九大领域，高碳排放总量、低碳排放强度是部分战略性新兴产业的特点之一。根据中央财经大学绿色金融国际研究院测算，2021年我国汽车制造业的碳排放总量居工业部门二级行业（合计41个）第15名，碳排放强度居第35名；电气机械和器材制造业的碳排放总量居第17名，碳排放强度居第38名。当前，发展战略性新兴产业已经成为我国工业制造业建立新动能的重要方向。2021年7月，浙江省人民政府印发《全球先进制造业基地建设"十四五"规划》，明确提出将重点发展新一代信息技术、生物医药和高性能医疗器械、新材料、高端装备、节能环保与新能源五大新兴产业。2021年7月，山东省发改委印发了《山东省"十四五"战略性新兴产业发展规划》，提出按照国家确定的战略性新兴产业发展重点，结合山东省实际情况，重点围绕新一代信息技术、高端装备、新能源新材料、现代海洋、医养健康"五强"新兴产业，以及新能源汽车、航空航天、绿色环保、新兴服务等产业，构建"5+N"战略性新兴产业体系。2022年1月，江苏省发改委发布了《2022年江苏省重大项目清单》，包括220个实施项目和27个储备项目，共计247个项目。在实施项目中，战略性新兴产业共划定110个项目，包括26个新一代信息技术项目、17个高端装备项目、16个新材料项目、24个生物技术和新医药项目、13个新能源项目、14个新能源汽车和智能汽车项目。在战略性新兴产业发展势头强、潜力大的地区，绿色金融需要发挥对"腾笼换鸟"的支持作用。一是要发挥绿色金融在风险管理方面的作用，强化战略性新兴产业发展的"绿色底线"，防范环境、社会、治理风险。一方面，基于战略性新兴产业发展的广阔前景，有限的标准引领或难以覆盖快速发展的战略性新兴产业布局，且当前战略性新兴产业自身受金融机构青睐，绿色金融的资源配置作用发挥得较为充分。另一方面，战略性新兴产业在快速发展过程中依然面临着绿色发展的压力，更需要立足更高发展起点，以风险管理机制更好地助力战略性新兴产业高质量发展。二是要更加注重绿色直接融资市场的建设。战略性新兴产业尚处于发展阶段，存在企业自身经营基础较为薄弱、有效抵质押物不足等情况，尤其是中小企业。吴婷婷、陈宣鹏在对南通市战略性新兴产业的调研中发现，绝大多数高新技术企业存在融资需求，且融资需求较为旺盛的阶段是企业初创期与成长期，其中初创期的融资需求尤为迫切。但这些企业中仅 12% 的企业的融资需求得到了全部满足，88% 的高新技术企业面临着不同程度的融资障碍[①]。为此，建设风险偏好能力相对较强的绿色直接融资市场能更好地支持战略性新兴产业的绿色发展。

（三）生态资源型城市要更充分地探索绿色金融支持生态产品价值实现的创新机制

生态产品价值实现是生态文明建设大背景下，对"绿水青山就是金山银山"理念的系统思考和落地探索，是我国提出的一项创新性战略措施和任务，是一项涉及经济、社会、政治等相关领域的系统性工程。生态产品概念在我国制定主体功能区规划时提出，随着我国生态文明建设的深入，其内涵不断丰富，对于生态优势突出、工业发展矛盾较小的地区，建立绿色金融支持生态产品价值实现的专项机制更具代表性。当前，包括浙江丽水、江西抚州等地在内的地区已围绕生态产品价值实现开展多元探讨，通过统计计量

---

① 吴婷婷、陈宣鹏：《绿色金融助推战略新兴产业发展策略研究——基于南通市的调查数据》，《全国流通经济》2019 年第 32 期。

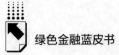

方式、优化空间管控、推动生态产业化、建立资源交易机制和生态产品测算价值应用转化机制，推动生态产品价值实现。总体上，实现路径可分为纯行政手段和"行政干预+市场运作"手段。纯行政手段即完全公共产品由政府全部投资，环境效益全民所有。"行政干预+市场运作"手段即在可以交易的商品价值上附着生态价值部分，进而实现生态价值转化。从各地已有的绿色金融实践来看，在推动生态产品价值实现的过程中，既需要聚焦于我国金融行业的自身特点，通过有效的供给创新与需求管理实现路径的拓展，也需要将绿色金融内嵌于经济发展庞大的系统性工程之中，通过统筹推进实现协调共进。在金融行业层面，安全性、收益性、流动性是重要的原则，在支持生态产品价值实现的过程中，则需要解决金融准入的合理性与可行性问题、金融交易的安全性与流动性问题、金融介入的合规性与灵活性问题。具体来看，一是要健全生态产品的调查、统计、确权和评估机制，为绿色金融提供合理性与可行性支持；二是要将有效市场与风险缓释相融合，为绿色金融提供安全性与流动性支持；三是要有法律约束与科技加持，为绿色金融提供合规性与灵活性支持。

技术报告

Technical Report

B.6
地方绿色金融发展指数构建说明
及评价结果相关性报告[*]

乔诗楠　汪洵[**]

摘　要： 本报告构建了地方绿色金融发展指数，用以反映全国31个省份在绿色金融领域的政策体系与市场效果工作进展。在指标选取和数据获取的过程中，以客观性、公平性、可比性、科学性等为原则，与此同时，根据国内绿色金融新进展优化更新本指标体系。指标分为定性与定量两类，通过标准化评分方式得出31个省份的单项指标得分，并以专家打分法确定指标各部分权重，最后加权汇总计算出指标结果。研究结果表明，宏观经济发展水平与绿色金融的市场效果具有较强相关关系，金融体系发展程度与绿色金融的发展水平有较强相关关系。

---

  * 本报告如无特殊说明，数据均来源于中央财经大学绿色金融国际研究院所建设的地方绿色金融数据库。

 ** 乔诗楠，中央财经大学绿色金融国际研究院助理研究员，研究方向为绿色金融、ESG；汪洵，中央财经大学绿色金融国际研究院研究员，研究方向为绿色金融、绿色产业。

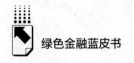

关键词： 绿色金融　指标体系　数据标准化　宏观经济发展水平　金融体系发展程度

一　地方绿色金融发展指数建背景

在实现"双碳"目标的进程中，绿色金融扮演着日趋重要的角色。总体来看，中国绿色金融的发展历程既有自上而下从政策出发推动高质量发展的一面，又有自下而上由各地结合自身优势，探索最优发展路径的一面。中国地方层面对绿色金融的加快推进始于 2017 年 6 月 14 日国务院常务会议决定在浙江省湖州市、衢州市，江西省赣江新区，广东省广州市花都区，贵州省贵安新区，以及新疆维吾尔自治区哈密市、昌吉州、克拉玛依市五省八地建设绿色金融改革创新试验区，随后，包括试验区所在省份在内的全国 31 个省份都逐步开始探索符合自身特色的绿色发展之路。

中央财经大学绿色金融国际研究院（简称中财大绿金院）对中国地方绿色金融的研究起步较早，与绿色金融改革创新试验区的建立相伴而生。为进一步展现我国地方绿色金融改革创新的实施成效，中财大绿金院通过一系列指标对中国各省份的绿色金融发展情况做出评价，推出了《地方绿色金融发展指数与评估报告(2018)》。该报告反映了地方政府在理念推广、政策出台、政策落地、市场发展等方面的状况，进而对各地绿色发展的路径、效果进行对比、总结，为中国绿色金融体系的构建提供经验。

2021 年是试验区开展工作的第四年，中财大绿金院在此前研究报告的基础上，更新优化了地方绿色金融评价指标体系，并结合近一年来各地绿色金融发展的新动态，发布《中国地方绿色金融发展报告(2022)》。历年来，中财大绿金院持续开展绿色金融数据库建设，进行客观数据分析，剖析解读特色案例，助力各地区规划发展蓝图。此报告为社会科学文献出版社绿色金融蓝皮书第二本年度报告，是中国绿色金融领域具有影响力的智库研究成果。

特别需要说明的是，参与评价的为中国大陆 31 个省份，暂不包括香港、澳门和台湾。

为了更加科学地研究影响地方绿色金融发展的因素，本报告对评价结果进行了相关性研究，对各地区的绿色金融发展现状进行更加直观的认识和判断。

二 地方绿色金融发展指数构建方法

构建地方绿色金融发展指数的指标体系对各省级绿色金融发展的科学评估具有重要意义，科学合理的指标体系构建决定了绿色金融发展评价结果的说服力与权威性。指标体系的构建涉及指标选取原则、指标体系层次构建、指标的选取以及计算方法的选择等多个方面。

（一）地方绿色金融发展指数的指标选取原则

2021年地方绿色金融发展指数的指标体系延续了2020年的指标体系，将绿色金融顶层设计涉及的细分领域、各地绿色金融发展现状、指标与指数之间的相关性、数据可得性等因素纳入考虑范围。同时，以客观性、公平性、可比性、科学性为基本原则，贯穿从数据库构建、数据收集到报告出版的全过程。

1. 客观性

为确保指标体系的客观性，本报告所获取的信息均为公开信息，如公开的年报数据、政府统计年鉴的数据、地方政府官网发布的消息、地方发改委官网发布的消息等，且指标本身不涉及主观评价，进而保证指标数据的客观性。

2. 公平性

本报告的撰写方为中央财经大学绿色金融国际研究院，为第三方智库机构，与各地方政府之间无利益关系，故在指标体系构建、数据信息收集、数据分析评价方面不存在地区偏向，从而保证评价结果的公平性。

3. 可比性

由于近年来中国绿色金融发展较为迅速，相关数据存在较大的波动，所以综合考虑了多种指标，如相对指标和绝对指标、存量指标和区间指标、定性指标和定量指标的平衡，同时在数据收集时保证了相关口径的一致，避免

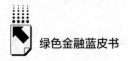

因为口径变动等原因造成评价结果的偏差，从而科学评价各地区绿色金融发展结果，保证横向可比和纵向可比，增强总体评价结果的可比性。

4. 科学性

为直接体现绿色金融政策的落地效果与各地绿色金融总体发展情况，在指标选择时，对于直接指标，编撰者着重选择绿色信贷、绿色债券市场概况及绿色上市公司发展状况等，这些指标受其他因素的干扰较少，可以较好地呈现当地绿色金融发展状况；对于间接指标，如节能环保效果指标等，因为这些指标受到各种因素干扰，如各地统计口径不一等，不能准确反映绿色金融的发展水平，因此选择对其进行相关性分析，但不放入指标得分中，以保障报告整体的科学性。

（二）地方绿色金融发展指数指标体系构建

2021年地方绿色金融发展指数的指标体系概览如表1所示，为保障评估的客观独立性，避免受评对象依照评价指标有针对性地开展工作，削弱了当地绿色金融创新能力，本报告中仅展示指标概览。

表1　地方绿色金融发展指标体系概览

一级指标	二级指标及下属的三级指标举例
（政府）政策推动具体措施	省级整体性政策推动情况，例如是否发布省级综合指导文件、省级已有专项指导文件数量、是否已发布环境权益相关市场建设文件、已有地方自行试点数量、国家和地方绿色金融改革创新试验区试点建设状况等
	市县级政策推动情况，例如是否发布市级、县级综合指导文件，"十四五"综合规划中提出绿色金融发展目标的地市（或国家新区）数量等
	提出或引入实质性激励约束政策情况，例如政策中提出绿色贷款或债券贴息的地市数量，政策中提出建立风险担保或补偿基金、机制的地市数量，对绿色保险进行补贴的情况等
	提供便利市场主体的措施情况，例如举办公开学术或市场活动的数量、已建成市级绿色项目信息共享平台（绿色项目库）的数量等
	推进能力建设情况，例如举办培训活动数量、已有绿色金融及相关研究机构数量等
	政府投资情况，例如地方政府在节能环保、生态治理中的投资额及其占比等
	风险预警与应对情况，例如金融风险预警及防范机制等

一级指标	二级指标及下属的三级指标举例
(市场)绿色金融政策实施成果	银行领域情况,例如已加入赤道原则等国际倡议的银行数量、绿色银行分(支)行挂牌状况、绿色信贷占比等
	证券领域情况,例如当年绿色 ABS 发行数量、当年绿色债券发行机构数、企业 ESG 评价结果等
	基金与 PPP 领域情况,例如新增私募基金管理人绿色基金产品数量、入库绿色 PPP 项目数量等
	保险领域情况,例如绿色保险已上市险种数量、环境污染社会责任保险覆盖程度等
	环境权益领域情况,例如是否已开始排污权交易,统计周期内碳减排(CCER)交易量,用能权、排污权、水权交易开展状况等
	绿色信托情况,例如开展绿色信托机构数量、存续绿色信托产品数量等
	合作交流情况,例如加入 UN PRI、绿色金融专业委员会等国际、国内倡议的机构数量等

1. 指标分级

与 2020 年评价周期内的地方绿色金融发展指数的指标体系一致,2021年评价周期内地方绿色金融发展指数的指标体系同样分为 3 个层面,一级指标与二级指标分别由下一级指标合成,综合反映绿色金融发展情况,三级指标由实际数据构成。

2. 指标选取办法

指标的选取与划分依照严格的逻辑体系来完成,既要全面考虑受评对象各方面的绿色金融发展水平,也要避免指标之间相互重叠、关联。分层级来看:①一级指标的构建重点关注政府层面绿色金融的政策推动力以及市场层面绿色金融的政策落地效果;②二级指标的选取针对一级指标涵盖的细分范围展开,包括政府各类政策推动情况、便利措施情况、不同领域绿色金融发展的评价等;③三级指标的选取综合考虑其对二级指标的代表性以及数据的可得性。

需要注意的是,2021 年地方绿色金融发展指数的指标体系在原先指标体系的基础上进行了更新与优化。近年来,在绿色金融顶层设计的引领下,我国绿色金融进入高速发展阶段，标准体系、激励约束、监管考核机制不断完善。2016 年，《关于构建绿色金融体系的指导意见》出台，开启了中国绿色金融全面发展的元年，搭建了中国绿色金融体系的顶层设计框架；2018 年，《银行业存款类金融机构绿色信贷业绩评价方案（试行）》出台，对银行投放绿色信贷给出了定量考核要求；2019 年，《绿色产业指导目录（2019 年版）》发布，明确了绿色产业的发展重点；2021 年，《银行业金融机构绿色金融评价方案》出台，将绿色债券也纳入定量考核范围中。原有指标中部分措施已经在全国范围内推广，地方政府和金融机构进行了多项绿色金融商业模式和产品创新，市场化成果显著。综上所述，2021 年的指标体系根据一年来地方绿色金融的新业态、新进展，结合统计数据来源的可靠性与连续性，增加和删减了部分指标，调整后的指标体系更加科学客观，更能准确全面地反映地方绿色金融发展水平。

（三）指标打分与指数合成方法

指数由各三级指标的数据合成，具体而言遵循以下流程：①赋予各个指标标准化打分；②给各个指标赋予不同的权重，根据指标得分计算出地方绿色金融发展指数。

1. 指标打分方法

若指标是定性指标，则满足条件时得分为 100 分，不满足条件时得分为 0 分。若指标是定量指标，则对统一时间段（点）的指标进行横向比较，然后赋予标准化评分。如果指标为正向指标，指标在横向比较时数值越高，则该省份表现越好，其得分就越高。以省份 X 的指标 A 得分举例：

$$100 \times (A_x - A_{min}) \div (A_{max} - A_{min})$$

其中 A_{max} 为各省份指标 A 的最大值，A_{min} 为各省份指标 A 的最小值。

若指标为负向指标，则指标值在某省份表现越好，该省份得分越低。以省份 X 的指标 B 得分举例：

$$100 - 100 \times (B_x - B_{min}) \div (B_{max} - B_{min})$$

其中 B_{max} 为各省份指标 B 的最大值，B_{min} 为各省份指标 B 的最小值。

特别说明，由于报告中的数据均来自公开数据，因此当某省份指标所涉及的数据未披露、不确定或者无法判断时，均以 0 分计入。

2. 指标权重确定

2021 年地方绿色金融发展指数的指标权重赋值沿用 2020 年的专家打分法。

专家打分专注于对二级指标的权重进行赋值，以避免三级指标过多、数据干扰过大而导致打分准确性的丧失。我们选取了绿色金融多个细分领域的 20 余名专家，并以问卷的形式对二级指标的评价权重进行收集，综合确定二级指标的权重。三级指标的权重在二级指标的范围内均分。

假设第 m 个二级指标的权重为 a_m（所有二级指标的权重和为 1），该二级指标项下三级指标的个数为 n，则该二级指标下任一三级指标的权重为：

$$a_m \times \frac{1}{n}$$

该赋权方式可以让某评价维度的权重不受到三级指标数量的干扰，同时也可以很好地根据绿色金融发展的不同周期，赋予不同指标不同的权重以反映其在此周期里的重要程度，从而增强评价体系的科学性。

（四）绿色金融发展指数评价周期

为综合评价全国 31 个省份的绿色金融发展水平，同时与地方金融生态相关数据的披露周期相吻合，本次报告评价周期为 2021 年 1 月 1 日至 2021 年 12 月 31 日。

（五）数据来源及局限性

本报告所用基础数据，均来自中央财经大学绿色金融国际研究院所建设的地方绿色金融数据库。数据库里的数据均为官方公开的数据，最大限度地保证了报告的公平性、准确性。但同时，受到获取渠道、各地信息渠道建设能力差异的影响，在获取资料的全面性方面受到了一定制约，造成了一定程

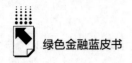
度上结果的差异性。因此，我们欢迎各界提供相关的数据信息、资料，把评价结果朝着更精确的方向修正（提供的内容将仅用于本系列报告使用）。

三　地方绿色金融指数评价结果相关性

（一）变量指标选取

通过对已有数据进行归纳汇总，结合逻辑推理，我们主要选取宏观经济发展水平和金融体系发展程度两个验证变量指标，寻找能反映这些指标的数据进行归纳整理，并计算出得分。

1. 宏观经济发展水平

在分报告《地方金融生态水平报告》中，我们将经济规模、经济结构、经济质量作为核心指标。

考虑到数据的可获得性与实用性，具体指标如下：衡量经济规模的指标有人均 GDP、固定资产投资（不含农户）比上年增长倍数、人均社会消费品零售总额、人均货物进出口总额；衡量经济结构的指标有非农 GDP 占比、城镇化率；衡量经济质量的指标有人均可支配收入、单位 GDP 电耗。通过对以上指标的统计与计算，并进行总结归纳，得出宏观经济发展水平更高的地区，绿色金融发展也相对完善。

2. 金融体系发展程度

在分报告《地方金融生态水平报告》中，我们选择了金融体系发展规模、金融体系发展效率、金融体系发展功能三个核心指标。

考虑到数据可获得性，我们将金融体系发展规模主要分为金融市场规模、金融产业规模两个部分，其中金融市场规模下设社会融资规模、人民币贷款余额两个指标；金融产业规模下设金融业 GDP 占比和金融机构总资产两个指标。金融体系发展效率下设直接融资占比、金融业劳动生产率两个具体指标。金融体系发展功能下设金融服务覆盖率、金融服务使用率两个指标。通过对以上指标的统计与计算，并进行总结归纳，得出金融体系发展程度相对较高的地区，绿色金融发展也相对完善。

全国 31 个省份地方绿色金融指数及验证变量指标得分如表 2 所示。

表 2　全国各省份地方绿色金融指数及验证变量指标得分

省份	绿色金融发展指数			验证变量指标得分	
	政策推动评价	市场效果评价	总体评价	宏观经济发展水平	金融体系发展程度
北京	25.91	45.64	71.55	93.36	84.91
浙江	37.95	25.59	63.55	74.57	74.73
广东	29.72	29.65	59.37	68.53	73.14
江西	33.19	26.05	54.47	52.46	60.32
江苏	28.36	21.29	54.42	74.36	66.35
四川	34.64	17.99	52.63	48.64	69.22
上海	24.89	22.34	47.23	93.86	82.90
福建	24.68	22.53	47.21	69.12	64.37
贵州	28.37	16.89	45.26	30.72	55.74
山东	24.93	19.88	44.81	56.67	64.13
新疆	29.87	12.65	42.51	33.34	60.04
甘肃	29.46	12.85	42.32	27.99	61.78
河南	19.40	19.81	39.21	44.92	56.01
陕西	21.06	17.03	38.09	48.01	63.36
湖南	20.49	16.25	36.73	52.86	57.24
河北	18.76	17.93	36.69	39.61	55.94
湖北	17.63	18.62	36.25	61.07	58.54
安徽	18.54	17.58	36.12	54.23	59.99
山西	19.32	16.59	35.90	45.93	52.60
内蒙古	22.66	13.13	35.79	45.19	44.45
天津	19.43	15.79	35.22	71.05	60.75
重庆	19.64	13.98	33.62	63.54	63.50
青海	20.96	11.52	32.48	24.30	31.45
宁夏	20.20	10.35	30.55	35.05	38.50
海南	17.37	13.14	30.51	45.38	24.13
广西	19.45	9.89	29.35	36.06	58.29

省份	绿色金融发展指数			验证变量指标得分	
	政策推动 评价	市场效果 评价	总体 评价	宏观经济 发展水平	金融体系 发展程度
黑龙江	15.02	13.67	28.69	34.09	49.63
云南	13.87	12.83	26.70	37.66	42.44
辽宁	11.73	11.98	23.71	50.38	43.15
吉林	12.94	8.43	21.37	44.15	62.25
西藏	11.53	4.17	15.70	27.54	44.57

（二）方法学选取

统计学常用的相关系数方法学有三种：皮尔森（Pearson）相关系数，斯皮尔曼（Spearman）秩相关系数以及肯德尔（Kendell）相关系数。皮尔森相关系数是用于度量两个变量 X 和 Y 之间的相关性（线性相关），其值介于-1 与 1 之间；斯皮尔曼秩相关系数是衡量两个变量互相的依赖性的非参数指标，它利用单调方程评价两个统计变量的相关性。如果数据中没有重复值，并且当两个变量完全单调相关时，斯皮尔曼秩相关系数则为 1 或-1；若两个变量之间不存在相关性，斯皮尔曼秩相关系数则为 0。肯德尔相关系数是将 n 个同类的统计对象按特定属性排序，其他属性乱序，计算定义为同序对、异序对之差与总对数 $[n\times(n-1)/2]$ 的比值。

我们以 2021 年数据为主，对各指标得分的分布做正态分布检验，并对空值予以忽略。若样本得分基本满足正态分布，则用皮尔森相关系数进行度量；若指标得分不满足正态分布，则使用斯皮尔曼秩相关系数验证。

本报告采用 Anderson-Darling 拟合优度检验[①]，这一检验的原假设（H₀）与备择假设（H₁）分别为：

---

① Anderson-Darling 统计量测量一组数据服从特定分布的情况如何。对于给定的数据和分布，拟合得越好，该数值就会越小。使用给定的 P 值来检验数据是否来自给定的分布，如果 P 小于∂（如 0.05），这时就拒绝原假设，数据不服从该分布。

H_0：指标分数服从正态分布；

H_1：指标分数不服从正态分布。

在判断过程中，P 值接近于 0（<0.05）则拒绝原假设（H_0），即指标得分大概率不服从正态分布。

如表 3 所示，指标得分均拒绝了原假设，说明指标得分不具有正态分布的特征，因此本报告相关性研究中对指标得分计算斯皮尔曼秩相关系数。

表 3　指标得分正态性检验结果

	宏观经济发展水平	金融体系发展程度
P 值	0.188	0.155
是否拒绝 H_0	FALSE	FALSE

（三）相关性检验结果

我们对指标得分的斯皮尔曼秩相关系数进行了计算，分别考察总体评价得分、政策推动得分和市场效果得分与宏观经济发展水平指标、金融体系发展程度指标两个指标得分的相关性。

如表 4 所示，斯皮尔曼秩相关系数介于 0 与 1 之间，数值越接近 1，说明两个指标的正相关性越强。

表 4　指标得分斯皮尔曼秩相关系数计算结果

2021 年	宏观经济发展水平	金融体系发展程度
政策推动得分	0.327	0.567
市场效果得分	0.763	0.716
总体评价得分	0.638	0.736

从相关系数的结果来看，第一，政策推动得分与宏观经济发展水平的相关程度较低，与金融体系发展程度的相关性较强；第二，市场效果得分与宏观经济发展水平和金融体系发展程度均呈强正相关关系，说明绿色金融市场

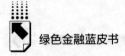
实施效果依托地方宏观经济发展水平和地方金融体系发展程度；第三，总体评价得分与宏观经济发展水平和金融体系发展程度均呈现一定程度的正相关性。

出于严谨性的考虑，我们对斯皮尔曼秩相关系数进行了显著性检验。原假设和备择假设分别为：

H_0：相关系数等于0；

H_1：相关系数不等于0。

在判断过程中，P值接近于0（<0.05）则拒绝原假设（H_0），即相关系数不等于0[①]。

如表5所示，检验结果显示，第一，在政策推动得分部分，金融体系发展程度得分的相关系数P值小于0.05，进一步验证政策推动得分可能与金

表5　指标得分相关系数及其显著性P值结果

2021年		宏观经济发展水平	金融体系发展程度
政策推动得分	相关系数	0.281	0.612
	P值	0.126	0.001
市场效果得分	相关系数	0.759	0.694
	P值	0.000	0.000
总体评价得分	相关系数	0.551	0.742
	P值	0.000	0.000

---

① 设 x、y 是来自两个不同总体 X、Y 的样本，其观察值为 x_1, x_2, …, x_n 和 y_1, y_2, …, y_n，将它们配对形成 (x_1, y_1), (x_2, y_2), …, (x_n, y_n)。若将 x_i 和 y_i 各自排序，分别评出 x_i 和 y_i 在两个顺序样本中所在位置的名次，记作 R_i 和 S_i，得到 n 对秩 (R_1, S_1), (R_2, S_2), …, (R_n, S_n)。当 X 与 Y 完全相关时，$\sum(R_i - S_i) = 0$，记作 $\sum d_i = 0$，其中 d_i 可以用于衡量 x 和 y 的相关程度。斯皮尔曼秩相关系数是测定两个样本相关程度的重要指

标：$r_s = \dfrac{\sum_{i=1}^{n}(R_i - R_j)(S_i - S_j)}{\sqrt{\sum_{i=1}^{n}(R_i - R_j)^2 \sum_{i=1}^{n}(R_i - R_j)^2}} = 1 - \dfrac{6\sum_{i=1}^{n}d_i^2}{n(n^2-1)}$，其中 $R_j = \dfrac{1}{n}\sum_{i=1}^{n}R_i$，

$S_j = \dfrac{1}{n}\sum_{i=1}^{n}S_i$。当 $r_s \geqslant r_s{}^a$ 时，拒绝 H_0。$r_s{}^a$ 是临界值，它是根据样本观测个数 n、备择假设以及给定的显著性水平查得。

融体系发展程度显著正相关；第二，在市场效果得分部分，宏观经济发展水平和金融体系发展程度的相关系数 P 值均小于 0.05，说明绿色金融市场实施效果受宏观经济发展水平和金融体系发展程度等多方面因素的显著影响；第三，在总体评价得分部分，宏观经济发展水平和金融体系发展程度的相关系数 P 值均小于 0.05，说明总体评价得分与宏观经济发展水平和金融体系发展程度均显著正相关。

（四）相关性检验结论

1. 宏观经济发展水平与绿色金融市场效果具有较强相关关系

宏观经济发展水平与绿色金融政策推动的相关性较弱，但与绿色金融市场效果的相关性较强。这是由于我国绿色金融政策的推动受政府部门整体布局的影响较大，且绿色金融改革创新试验区的政策得分整体较高，但其并不是宏观经济发展水平最高的地区。尽管宏观经济发展水平较高的地区，其绿色金融政策体系并不一定完善，但宏观经济发展水平较高的地区，其绿色金融市场相对活跃。例如，北京、上海等宏观经济相对发达的城市紧跟中央绿色金融政策，积极开展绿色金融市场活动，还有部分金融市场发展较为成熟的地区，基于雄厚的资金实力，支持地区绿色企业、绿色项目快速发展，鼓励地区绿色金融产品创新，从而呈现绿色金融市场的快速发展。绘制相关矩阵图，详见图1至图2。

2. 金融体系发展程度与绿色金融发展水平具有较强相关关系

金融体系发展程度与绿色金融政策推动和市场效果均具有较强相关关系，这是由于绿色金融是地区金融体系的一部分，二者相辅相成、相互促进。绝大多数金融体系发达的地方，其对绿色金融的关注度也在逐步提升，尤其是支持绿色金融实践的金融基础设施更加健全。绘制相关矩阵图，详见图3至图5。

（五）地方绿色金融指数评价体系总结与展望

由于数据来源具有一定局限性，在一定程度上影响了现有指标体系的设

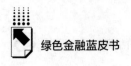

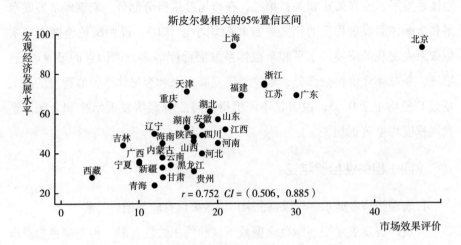

图1 市场效果评价与宏观经济发展水平矩阵图

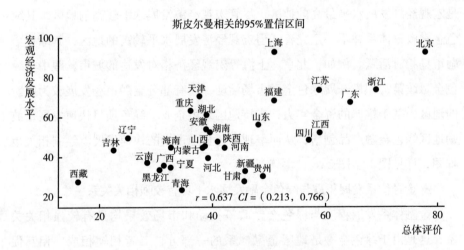

图2 总体评价与宏观经济发展水平矩阵图

计。同时，在我国"双碳"目标的引领下，绿色金融体系建设正在不断推进，从顶层框架设计、绿色产业发展重点到金融服务产品考核范围，以及相应的定量和定性考核指标，都在逐步完善中。作为年度评价报告，本指标体系设计与指标选择时间跨度较长，对我国地方绿色金融发展状况的敏感度不

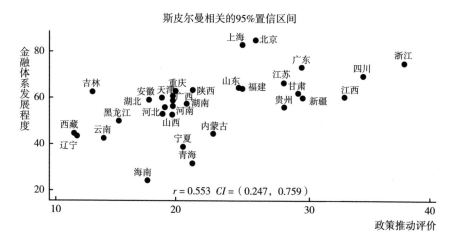

图3 政策推动评价与金融体系发展程度矩阵图

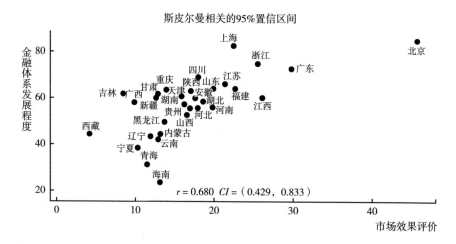

图4 市场效果评价与金融体系发展程度矩阵图

足,仍然具有较大提升空间。

在我国"双碳"目标的总体引领下,"十四五"期间节能减碳、加强应对气候变化将成为各地方政府的重要工作。回顾2021年的绿色金融发展,"双碳"目标提出后,绿色金融的发展动力更强,越来越多的市场主体意识

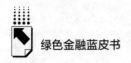

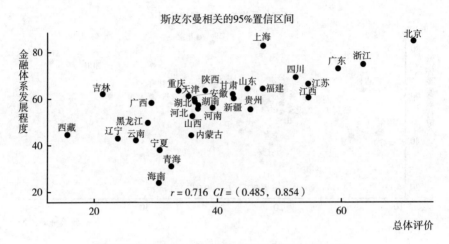

图5 总体评价与金融体系发展程度矩阵图

到，发展绿色金融是国家经济发展过程中金融供给侧改革的实质性举措。"十四五"时期，绿色发展面临更高的要求，电力、交通、工业、新材料、建筑、农业、负碳排放和数字经济等相关领域绿色革新对金融支持的需求将不断扩大，银行业金融机构提供绿色金融供给的创新实践将不断加快。当前，现有地方绿色金融发展指数的指标体系对地方应对气候变化工作的考量有限，不仅无法充分体现绿色金融与应对气候变化的相关性，还难以真实反映地方政府在推动实现"双碳"目标方面的工作成效。在下一年度的地方绿色金融发展指数评价体系中，我们将继续优化指标，考虑加入更多地方绿色金融支持减碳的要素，同时多渠道拓展地方绿色金融数据来源，以构建更加全面、更加科学的指标体系，为地方政府在规划绿色金融发展、评估政策实施成效等方面提供更准确的技术支撑。

Abstract

The 2021 is the beginning of the 14th five-year plan, and a new chapter of close deployment and action around the two-carbon goal, the People's Bank of China has established the development path of "Three functions" and "Five pillars" of green finance. Our country has insisted on combining theoretical research with market practice, through "Top-down" guiding principle to enrich the top-level green finance design and institutional policy guidance, through "Bottom-up" guiding principle innovative green financial products and services according to circumstance, gradually perfect our country green finance system and make remarkable progress. After several years of planning practice and adjustment, the development of green finance is entering a deep-water period. Provinces, as specific participants and implementers of our Green Finance Practices, in the aspect of financial ecology level, green finance policy which is made to promote measures, green finance market implementation effect still shows a big difference.

Since 2018, the research group of evaluating local green finance in IIGF of the central university of finance and economic has been studying and publishing local green finance development indices. The index system integrates the factors that influence the development of local green finance in our country and the assessment criteria that reflect the level of local green finance, combines qualitative and quantitative indicators, and closely follows the development of policies and markets, in order to systematically review the current situation and progress of green finance in 31 provinces, autonomous regions and municipalities (excluding Hong Kong, Macao and Taiwan) in the evaluation cycle, to facilitate the provinces, autonomous regions and municipalities to systematically understand the overall progress of our local green finance.

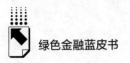

According to the evaluation results of the Green Finance Development Index of 31 provinces, autonomous regions and municipalities within the 2021 evaluation cycle, the development of local green finance in our country mainly presents the following characteristics: firstly, the National Green Finance Reform and innovation pilot zone (called "Green Gold Reform pilot Zone" for short) performs well and is basically in the first echelon. As a result of early policy deployment and rapid investment in practice, Green Finance Reform and innovation pilot zones in nine cities (districts) in six provinces often show a higher degree of attention to Green Finance, for the relevant areas of policy exploration and market practice more in-depth. Secondly, the financial base of Beijing, Shanghai and Guangdong Province has formed the agglomeration effect and radiation influence. This type of area has outstanding economic and financial ecological advantages, on one hand, these regions attract resources such as high-quality capital, green technology and professional talents from the whole country and even overseas. On the other hand, they play a central role by relying on the headquarters effect, it will play a driving role in the development of the surrounding areas. Thirdly, the Western, central and northern regions of the development of green finance policy dependence is more obvious. The western, northern and central regions show the characteristics of policy performance and perfection significantly higher than the feedback of market implementation effect, and the potential and motivation of regional market players in market innovation and practice are slightly insufficient, and it is urgent to attract more financial institutions or social capital to build a green financial system.

Green finance is an important part of supporting the achievement of the "double carbon" goal. With the "Double carbon" target, the 2021 of green finance work and activities around the country have become more clearly oriented. In terms of policy deployment, The State Council, ministries and commissions, together with the People's Bank of China, the CBRC and other financial regulators, are working together to guide financial institutions to expand green financial services and strengthen capacity building. At the local level, we will focus on "Carbon neutral" green financial product innovation, and deepen the construction of green financial projects such as "Carbon accounts", information sharing platforms, and Environmental monitoring systems, a new model of "Finance + technology" to enable "Double carbon" targets is being created. In terms of future layout, based on the guiding principles of classified policies and combined with the overall characteristics of provinces, autonomous regions and municipalities, Green Finance will also take on a differentiated development path, for regions where traditional heavy industry is dominant, the point is on improving the implementation capacity of the "High-carbon transformation" of green financial services, and for regions where the distribution of emerging strategic industries is relatively fast, we should emphasize the support of green finance to "Vacate cage and replace birds", and explore the innovative mechanism of green finance to support "Ecological product value realization" in regions with outstanding ecological resources endowment.

Deepening the construction of green financial system will help promote the implementation of national "Dual-carbon" targets. In the benign interaction between finance and green development of industry, by seizing opportunities and challenges, the use of green finance enable industries to improve quality and efficiency. With the improvement of the overall planning of green development in various regions and the accumulation of the leading experience of green finance in our country, the space of green finance to promote local green development in the future is still worth looking forward to.

Keywords: Green Finance; "Double Carbon" Goals; Pilot Zones for Green Finance Reform and Innovations

Contents

I General Report

Abstract: China's green finance has made great progress in the past few years, with the scale of green credit and green bonds ranking among the top in the world. In the year 2021, in order to deepened and improved the construction of green financial system, the central bank released the first two green financial standards, put green loans and green bonds into institutional ratings and also introduced some other initiatives. Market activities that serve the carbon emission peaking and carbon neutrality goals are implementing to facilitate the green financial development. Overall, in the 2021 Local Green Finance Development Index evaluation cycle, China's local green finance ecological level has improved compared to the previous evaluation cycle. For example, Beijing remains in the first place among 31 provinces, autonomous regions and municipalities directly under the Central Government (excluding Hong Kong, Macao and Taiwan, the same below) due to its remarkable and outstanding green financial market effect. In addition, the six provinces and municipalities where the green financial reform and innovation pilot zones are located continue to maintain their high level of green financial development, giving full play to the innovative function and demonstration role of the pilot zones on an early and pilot basis. And the comprehensive performance of green financial development of each province and city and its financial ecological level ranking shows a certain correlation, that is to say, a good level of economic and financial development can promote the effect of green financial policy and market implementation. In the future, the economy of each region continues to develop, the influence of green financial reform and innovation continues to expand, and the initiative of the local practice of green finance under the carbon emission peaking and carbon neutrality continues to increase, leading to the improvement of local green financial ecology.

Keywords: Green Finance; Financial Ecology; Green Development

II Sub-reports

B.2 Analysis of the Level of Local Financial Ecology

Ren Yujie, Qiao Shinan and Fu Yilei / 015

Abstract: Financial development is the fundamental of green financial development. This report assesses the local financial ecology from two aspects: macroeconomic development and financial system development. The macroeconomic development is mainly completed by measuring and comparing key indicators of local economic scale, economic structure and economic quality; the financial system development is mainly completed by measuring and comparing key indicators of financial industry scale, financial market scale, financial system development efficiency and financial system development function. The overall regional financial ecological level shows the characteristics that eastern provinces rate higher than central and western provinces, and coastal provinces are generally

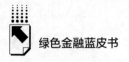

higher than inland provinces.

Keywords: Local Financial Ecology; Macroeconomics; Financial System

B.3 Evaluation Report on Local Green Finance Policy Promotion

Measures   *Ren Yujie, Wan Qiuxu and Wang Xun* / 038

Abstract: At present, China has initially formed a policy system and framework to support the development of green finance. Under the guidance of the top-level design of the central government's green finance policy, local governments formulate green finance-related policies according to the characteristics of regional socio-economic and financial development and lead the promotion of local green finance practices. Based on the 2020 Local Green Finance Development Index System, this report improves and optimizes the collection and selection of relevant index data. It assesses the status of local green finance policy promotion measures in terms of the promotion status of local green finance policies, the introduction of substantive incentive and restraint policies, measures to facilitate market players, green finance capacity building, fiscal spending and social capital spending on government energy conservation and environmental protection projects, and the construction of financial risk warning and response mechanisms. Overall, 31 provinces, municipalities, and autonomous regions across the country have issued green finance-related policies in the 2021 evaluation cycle, with more economically developed provinces and municipalities such as Beijing, Zhejiang, Guangdong, and Jiangsu leading the way in terms of policy mechanism innovation. Generally speaking, regions with the top financial base have the same high level of local green financial ecology. In terms of substantive policy incentives, provinces and cities issued green financial policies involving green credit and bond subsidies, refinancing targeted support for green projects, risk guarantees or supplementary funds, etc., which play a good role in promoting the implementation of regional green financial products; In terms of measures to facilitate market players, the local governments have been actively promoting green investment and financing through the construction of large-scale supporting facilities such as green finance towns, information technology infrastructure such as green project information sharing platforms, and the organization of related academic and market events; In terms of green finance capacity building, some provinces have actively promoted green investment and financing by establishing local green finance committees and other professional associations, and actively carried out regional green finance exchanges and cooperation.

Keywords: Green Finance Policy; Green Finance Incentives; Green Financial Supporting Facilities

B.4   Local Green Finance Market Effectiveness Evaluation Report

Shi Yichen, Wan Qiuxu and Wang Xun / 113

Abstract: The performance of the local green finance market is a direct reflection of the development effect of green finance in China. Today, in the process of carbon emission peaking and carbon neutrality goals, the demand and supply of green finance have been significantly enhanced, also green finance is facing a greater opportunity and development period. In the 2021 evaluation cycle, green financial institutions are facing the urgent need for socio-economic green transformation under the guidance of central and local policies. On the one hand, financial institutions are continuously innovating their products and service models, introducing richer loan varieties to meet the diversified financing needs of green industries, also, to can provide long-term and low-cost funds for green low carbon projects, and expand the scale of green financial products such as green credit, green bonds, green funds, and environmental rights and interests; On the other hand, some local financial institutions actively promote green development. They carry out green financial product innovation, participate in green financial international cooperation, and support and improve the construction of China's green financial system. In the banking sector, the green credit policy system has been further improved, and the scale of green credit has continued to grow. By

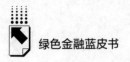
the end of 2021, the balance of domestic and foreign currency green loans in China was 15. 9 trillion yuan, with an increase of 33 percent year-on-year, and the number of local green bank branches has increased steadily. In terms of securities, the green bond market maintains rapid growth. During the evaluation cycle in 2021, China's green bond market accelerates its expansion, and the issuance scale of domestic and foreign labeled green bonds is about 603. 1 billion yuan (including asset securitization products), an increase of 64. 51% compared with the previous evaluation cycle; the number of listed green enterprises continues to rise, and the awareness of listed enterprises in environmental and social risk prevention further increases. In terms of green funds, a total of 121 new green funds were added nationwide in the evaluation cycle of 2021, an increase of 26. 04% compared with 2020, ending the declining trend of the number of new green funds for two consecutive years in 2019 and 2020; the PPP model and green project characteristics are more compatible, and the number of new green PPP projects in each local area in the evaluation cycle remains stable. In the field of green insurance, the scale of local environmental pollution liability insurance continues to expand, and the innovation of green insurance products has achieved remarkable results. In the field of environmental rights and interests, the national carbon emission trading market will be officially launched in 2021. In the process of economic green transformation, carbon trading is an important tool to achieve the goal of carbon emission peaking and carbon neutrality in China; in addition, the trading of energy use rights, emission rights and water rights has been steadily promoted in the form of local pilot projects. In terms of cooperation and exchanges, in recent years, local institutions have further strengthened the interaction of green financial information and market resources at home and abroad to promote the two-way opening of local green financial markets. Moreover the number of banks participating in international conventions in China has gradually increased, reflecting the increased awareness of international cooperation among Chinese banking and other financial institutions in the field of green finance.

Keywords: Green Financial Tools; Environmental Rights Trading Market; Green Finance International Cooperation

III   Special Report

Abstract:Green low-carbon development is a complex project and long-term task for comprehensive transformation of economic and social development. At present, under the carbon emission peaking and carbon neutrality goals, China has made some progress in the construction of green financial policy system and market practice, and has initially built a green financial platform for resource sharing, which has played a positive role in domestic industrial restructuring and ecological environment improvement. At the level of strategic direction, the Central Committee of the Communist Party of China and the State Council have clearly defined the overall requirements and key actions for the realization of the carbon emission peaking and carbon neutrality goals and low-carbon cyclic development, and helping the realization of the carbon emission peaking and carbon neutrality goals is becoming one of the important goals of green finance development; at the level of regional guidance, regional overall green plans based on China's unique national conditions, regional resource endowments and regional advantages have been launched one after another; at the level of support areas, concepts such as biodiversity, value realization of ecological products and high-quality development of new energy are also being integrated into the development goals to promote the practice of related areas nationwide; in terms of international cooperation, we actively use various multi-bilateral platforms and cooperation mechanisms to promote green financial cooperation and international exchange, and thus to enhance the international community's recognition and participation in China's green financial policies, standards, products, and markets. In addition, with the development and promotion of digital technology, the technical means of financial

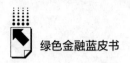
technology is deeply integrated with green finance business, and the application scenarios of financial technology in the field of green finance are constantly enriched. Compared with fintech, green fintech makes green the core of development, highlighting the application of big data, blockchain, and Internet of Things, and other technological tools and means to support the innovation of green financial products and services to provide support to improve the efficiency of and accuracy of green financial delivery. In the future, under the leadership of China's important strategy to achieve carbon emission peaking and carbon neutrality, it is necessary to further innovate the green low-carbon development model and take measures to actively adapt to climate change. All regions should also give full play to the three major functions of green finance to support green development: resource allocation, risk management and market pricing, and promote the greening and upgrading of industrial structure, energy structure and investment structure.

Keywords: Double Carbon Goals; Carbon Finance; Financial Technology

Ⅳ   Technical Report

B.6   Description of Local Green Finance Development Index
Construction and Exploration of Result Correlation

Qiao Shinan, Wang Xun / 201

Abstract: The local green finance development index is constructed to reflect the progress of the policy system and market effects in the field of green finance in 31 provinces, autonomous regions and municipalities directly under the central government. The principles of objectivity, fairness, comparability and science were adopted in the selection of indicators and data acquisition, at the same time, the index system was optimized and updated according to the new progress of green finance in China. The indicators are divided into qualitative and quantitative parts, and the scores of individual indicators of 31 provinces, autonomous regions and municipalities directly under the central government are obtained through standardized scoring, and the weights of each part of the indicators are determined by the expert scoring method, and the results are finally weighted and aggregated to calculate the indicators. The correlation of research results shows that the regional macroeconomic development has a strong correlation with the effect of green financial market, and the regional financial system development has a strong correlation with the green financial development.

Keywords: Green Finance; Indicator System; Data Standardization; Macroeconomic Development Level; Financial System Development Level

皮 书

智库成果出版与传播平台

❖ 皮书定义 ❖

皮书是对中国与世界发展状况和热点问题进行年度监测，以专业的角度、专家的视野和实证研究方法，针对某一领域或区域现状与发展态势展开分析和预测，具备前沿性、原创性、实证性、连续性、时效性等特点的公开出版物，由一系列权威研究报告组成。

❖ 皮书作者 ❖

皮书系列报告作者以国内外一流研究机构、知名高校等重点智库的研究人员为主，多为相关领域一流专家学者，他们的观点代表了当下学界对中国与世界的现实和未来最高水平的解读与分析。截至 2022 年底，皮书研创机构逾千家，报告作者累计超过 10 万人。

❖ 皮书荣誉 ❖

皮书作为中国社会科学院基础理论研究与应用对策研究融合发展的代表性成果，不仅是哲学社会科学工作者服务中国特色社会主义现代化建设的重要成果，更是助力中国特色新型智库建设、构建中国特色哲学社会科学"三大体系"的重要平台。皮书系列先后被列入"十二五""十三五""十四五"时期国家重点出版物出版专项规划项目；2013~2023 年，重点皮书列入中国社会科学院国家哲学社会科学创新工程项目。

权威报告·连续出版·独家资源

皮书数据库
ANNUAL REPORT(YEARBOOK)
DATABASE

分析解读当下中国发展变迁的高端智库平台

所获荣誉

- 2020年，入选全国新闻出版深度融合发展创新案例
- 2019年，入选国家新闻出版署数字出版精品遴选推荐计划
- 2016年，入选"十三五"国家重点电子出版物出版规划骨干工程
- 2013年，荣获"中国出版政府奖·网络出版物奖"提名奖
- 连续多年荣获中国数字出版博览会"数字出版·优秀品牌"奖

皮书数据库

"社科数托邦"
微信公众号

成为用户

登录网址www.pishu.com.cn访问皮书数据库网站或下载皮书数据库APP，通过手机号码验证或邮箱验证即可成为皮书数据库用户。

用户福利

- 已注册用户购书后可免费获赠100元皮书数据库充值卡。刮开充值卡涂层获取充值密码，登录并进入"会员中心"—"在线充值"—"充值卡充值"，充值成功即可购买和查看数据库内容。
- 用户福利最终解释权归社会科学文献出版社所有。

数据库服务热线：400-008-6695
数据库服务QQ：2475522410
数据库服务邮箱：database@ssap.cn
图书销售热线：010-59367070/7028
图书服务QQ：1265056568
图书服务邮箱：duzhe@ssap.cn

社会科学文献出版社 皮书系列
SOCIAL SCIENCES ACADEMIC PRESS (CHINA)

卡号：112871271743
密码：

S 基本子库
SUB DATABASE

中国社会发展数据库（下设 12 个专题子库）

紧扣人口、政治、外交、法律、教育、医疗卫生、资源环境等 12 个社会发展领域的前沿和热点，全面整合专业著作、智库报告、学术资讯、调研数据等类型资源，帮助用户追踪中国社会发展动态、研究社会发展战略与政策、了解社会热点问题、分析社会发展趋势。

中国经济发展数据库（下设 12 专题子库）

内容涵盖宏观经济、产业经济、工业经济、农业经济、财政金融、房地产经济、城市经济、商业贸易等 12 个重点经济领域，为把握经济运行态势、洞察经济发展规律、研判经济发展趋势、进行经济调控决策提供参考和依据。

中国行业发展数据库（下设 17 个专题子库）

以中国国民经济行业分类为依据，覆盖金融业、旅游业、交通运输业、能源矿产业、制造业等 100 多个行业，跟踪分析国民经济相关行业市场运行状况和政策导向，汇集行业发展前沿资讯，为投资、从业及各种经济决策提供理论支撑和实践指导。

中国区域发展数据库（下设 4 个专题子库）

对中国特定区域内的经济、社会、文化等领域现状与发展情况进行深度分析和预测，涉及省级行政区、城市群、城市、农村等不同维度，研究层级至县及县以下行政区，为学者研究地方经济社会宏观态势、经验模式、发展案例提供支撑，为地方政府决策提供参考。

中国文化传媒数据库（下设 18 个专题子库）

内容覆盖文化产业、新闻传播、电影娱乐、文学艺术、群众文化、图书情报等 18 个重点研究领域，聚焦文化传媒领域发展前沿、热点话题、行业实践，服务用户的教学科研、文化投资、企业规划等需要。

世界经济与国际关系数据库（下设 6 个专题子库）

整合世界经济、国际政治、世界文化与科技、全球性问题、国际组织与国际法、区域研究 6 大领域研究成果，对世界经济形势、国际形势进行连续性深度分析，对年度热点问题进行专题解读，为研判全球发展趋势提供事实和数据支持。

法律声明

"皮书系列"（含蓝皮书、绿皮书、黄皮书）之品牌由社会科学文献出版社最早使用并持续至今，现已被中国图书行业所熟知。"皮书系列"的相关商标已在国家商标管理部门商标局注册，包括但不限于 LOGO（▨）、皮书、Pishu、经济蓝皮书、社会蓝皮书等。"皮书系列"图书的注册商标专用权及封面设计、版式设计的著作权均为社会科学文献出版社所有。未经社会科学文献出版社书面授权许可，任何使用与"皮书系列"图书注册商标、封面设计、版式设计相同或者近似的文字、图形或其组合的行为均系侵权行为。

经作者授权，本书的专有出版权及信息网络传播权等为社会科学文献出版社享有。未经社会科学文献出版社书面授权许可，任何就本书内容的复制、发行或以数字形式进行网络传播的行为均系侵权行为。

社会科学文献出版社将通过法律途径追究上述侵权行为的法律责任，维护自身合法权益。

欢迎社会各界人士对侵犯社会科学文献出版社上述权利的侵权行为进行举报。电话：010-59367121，电子邮箱：fawubu@ssap.cn。

社会科学文献出版社